# ドーハの歓喜

Delight of Doha

2022

世界への挑戦、その先の景色

安藤隆人

Ando Takahito

徳間書店

# はじめに

1993年10月28日。僕は、家のテレビを食い入るように見ていた。

テレビに映っているのは、日本対イラクの一戦。日本は、この試合に勝てば悲願のワールドカップに初出場することができる。

当時、高校1年生だった僕は、朝からソワソワしていた。

サッカー部の練習から帰ってきて、急いで夕食や勉強を終え、深夜から始まる一大決戦に備えていた。

部屋には、ドイツ代表のローター・マテウスやコロンビア代表のカルロス・バルデラマのポスターが貼ってあり、この錚々《そうそう》たるメンバーのなかに、日本代表ゴールキーパーの松永成立《しげたつ》のポスターもあった。

「今日勝てば、松永選手も世界的な選手になるんだ」

いままで見たことがない景色を思い浮かべながら、僕は決戦の時を待った。

決戦の場所は、カタールのドーハという街だった。聞いたことがなかった国の聞いたことがない都市だ。決戦を前に地図帳を広げて、カタールの場所と、対戦相手のイラクの場所を調べて、さらにイメージを広げた。

そして、運命の試合がキックオフ。僕はサッカー好きの母親と2人で、日本代表を応援しながら見ていた。

開始早々の5分、長谷川健太のミドルシュートがバーに当たったこぼれ球を、エースの三浦知良がヘッドで押し込んで日本が先制した。

55分に同点に追いつかれるが、69分にラモス瑠偉《るい》の絶妙なスルーパスに抜け出した中山雅史が豪快に蹴り込んで勝ち越した。

「来た、来た！　このままいけばワールドカップだ!!」

母親と喜びを分かち合いながら、思わず涙が出てしまった。

「泣くのは早いよ」

そう母親に言われながら、

「頼む、このままいってくれ！」

と、両手を握りしめ、祈るように見ていた。イラクの猛攻にさらされる日本。耐える時間が続き、その時間はものすごく長く感じた。

「まだ終わらないのか、早く終わってくれ！」

手に汗をびっしょりとかきながら、祈る時間は続く。そして、時計の表示が90分になろうとしていたとき、日本はイラクにコーナーキックを与えてしまう。

正座をしながら前のめりで見ていた僕は、少し嫌な予感がした。

イラクがそのまま蹴らずにショートコーナーを仕掛けてきた瞬間、日本の守備陣形が乱れた。三浦知良が対応にいくが、クロスをゴール前に上げられると、ヘディングシュートは山なりのボールとなって、ゴール左隅に吸い込まれていった。

この瞬間、大好きだった松永は一歩も動けず、ボールを見送るしかなかった。

「あああ、入ってしまった」

という実況の声が頭に響いた。気がついたら、僕もその場でうずくまって動けなかった。隣で見ていた母親も言葉を失っていた。

タイムアップとなった瞬間、日本代表の選手たちも、その場に座り込んで動けなかった。そんなショッキングな姿が画面に映し出され、時折、絶句をしながらも実況を続けるアナウンサーの声が虚しく響いていた。

日本がワールドカップに出るなんて、自分がサッカーを始めたころは考えたこともなかった。小学生のときに憧れていたのは日本の選手ではなく、アルゼンチンのディエゴ・マラドーナやフランスのジャン＝ピエール・パパンだった。

1990年のイタリアワールドカップのときは、映像と雑誌を片っ端から見た。高校生のときにJリーグが始まり、日本のサッカー熱が高まりつつあることを実感し、地元の名古屋グランパスエイトに熱狂していた。

このころから、Jリーグのスター選手たちが集結する日本代表は、憧れのなかの憧れだった。日本代表のユニフォームだけではなく、学校に通うときのリュックも筆箱も、日本代表仕様のものを使っていた。

夢のまた夢だったワールドカップが、すぐ目の前にあった。しかし、つかみかけていた手のひらからこぼれていった。

一睡もできないまま、翌日、学校に行った。明らかに落ち込んでいる僕の姿を見て、

「日本代表、残念だったね」

そう慰めてくれる友人もいた。ショックすぎて、その日のサッカー部の練習は休んでしまった。まさに、一ファンとして、〝ドーハの悲劇〟を体感した。

あれから29年。私は、カタールのドーハにいる。

そこで一生忘れることができない1カ月を過ごすことになる。ドーハの悲劇をテレビで目《ま》の当たりにしてから、カタールには過去4回、取材で訪れているが、5回目のカタールは、これまでの風景とはまったく異なるかたちで、心に深く刻み込まれた。

FIFAワールドカップ2022、カタール。

森保一《もりやすはじめ》監督が率いる日本代表は、〝死の組〟といわれた強豪国ひしめくグループEにおいて、ドイツ、スペインというワールドカップ優勝経験国を下して、1位通過を果たした。

決勝トーナメント初戦では、前回大会の準優勝チーム、クロアチアと死闘を演じて、ペナルティーキック（以下PK）戦の末に涙をのんだが、森保ジャパンの躍動は日本中に大きなインパクトと感動を与えた。

日本代表の歴史的快挙の場に立ち会い、ベスト8の壁を破れなかった悔しさを目の当たりにしただけでも、カタールに来て良かったと思えたが、準々決勝以降にも、さらなる感動が待っていた。

モロッコの快進撃、そして、アルゼンチンの劇的な優勝だ。

とくに、アルゼンチンとフランスとで行われた決勝は、歴史に残る大熱戦となった。アルゼンチンが世界に誇る英雄、リオネル・メッシと、フランスの若き至宝、キリアン・エムバペという稀代のプレーヤーを中心に壮絶な戦いになり、ＰＫ戦の末にアルゼンチンが優勝し、メッシが高々とワールドカップトロフィーを掲げた。

これらは、ドキュメンタリーとして本書に記していくが、すべてが色鮮やかに記憶の中に刻み込まれた。

もしかすると、このあまりにもドラマティックで、芸術的で、エモーショナルな体験は、カタールに旅立つ前の空気との〝差〟が大きかったからなのかもしれない。

秋になり、ワールドカップの開催が迫ってきても、日本国内の多くの人たちはワールドカップに興味をもっていない人が多い印象が強かった。

サッカーファンは、「始まる」という感覚があったと思うが、世の中全体を見ると、始まることすら知らないように感じられた。自分の周辺でもワールドカップの話題が出ることはあまりなかった。

サッカーに興味のない友人や知り合いに、カタールに行くことを告げても、「カタールで何かあるの？」と聞かれたり、「え、サッカーのワールドカップって、今年やるの？」と言われたりすることがほとんどだった。

サッカーの取材現場に行っても、「日本は厳しいんじゃないですか？」「カタールまで行っても仕事になりますか？」というネガティブな声が多かった。

興味をもっているのはサッカー関係者ばかりで、その関係者ですら、日本に期待をするというより、厳しい見方が多い印象だった。

実際、私自身も大きな期待を寄せていたかというと、そうではなかった。

だから、ワールドカップのメディアパスを獲得してからは、むしろ、日本がグループリーグで敗退を喫しても、ワールドカップを開幕から決勝まで取材し、世界のレベルを肌で感じようと思った。

それは、今後の取材や執筆活動の学びになり、自分の感性を磨くことにつながると考えたからだ。

今回のワールドカップへの関心の低さは、日本代表に力がなかったからではない。たんに、興味をあまりもたれていない。それだけのことだった。

では、どうすれば関心をもってもらうことができるか。それは、日本代表がワールドカップで周囲の予想を覆す躍進を見せるしか道はないと思っていた。

日本が入ったグループEは、ドイツ、コスタリカ、スペインと同組で、まさに〝死の組〟となったが、第2戦のコスタリカ戦で確実に勝利し、ドイツ、スペインのどちらかに勝ち点1以上をつかむことができれば、グループリーグ突破も少なからず見えてくる。このシナリオを描いていた。

だが、蓋《ふた》を開けてみたらどうだったか。コスタリカには敗れたが、ドイツ、スペインに勝利して、2勝1敗でグループEの1位通過を果たした。

大会前の空気と、日本代表が大会初勝利を収めてからの周囲の反響の振り幅があまりにも大きく、感情が追いつかないほどだった。これだけでも想像以上の経験だったが、大会自体がドラマティックで素晴らしいものだった。

本書は、私というひとりのサッカージャーナリストが、カタールの地で見聞きした観戦記と、選手たちがワールドカップの舞台に至るまでの道のりを、彼らが10代のころからの取材の蓄積をもとに綴った一冊だ。

今回の日本代表の闘いを、中継を通して見られた読者の方々も多いと思う。そんな方々にも、画面には映らない〝アナザーストーリー〟を、本書を通じて追体験していただけたら、著者としてこれ以上の喜びはない。

ドーハの歓喜——目次

## 第6章 覚醒するドリブラー 135



## 第7章 クロアチアの壁 157

# 第1章
―
# ドイツからの歴史的勝利

## 見違える街並み

2022年11月20日、カタールのハマド国際空港に着くと、ワールドカップを肌で感じることができた。

さすがは開催国だ。今大会の広告や看板が数多くあり、午前5時と早朝にもかかわらず、世界各国の人たちでロビーは混み合っていた。

地下鉄が動き出す午前6時まで空港で過ごし、まずはこれから1カ月滞在予定のアパートメントへ地下鉄で向かった。

これまでに4回ドーハを取材で訪れているが、地下鉄に乗るのは初めてだった。

2012年に建設工事がスタートし、2年前に開通したという地下鉄はとてもきれいで、1両目はゴールドクラブといわれる特別席とファミリーシートが配置されるなど、最新の車両での移動はとても快適だった。

日本でいうならば、東京の丸の内のようなきれいに整備されたオフィス街やホテルが並ぶムシェイレブ地区のムシェイレブ駅を中心に、放射状にレッドライン、ゴールドライン、グリーンラインの3つの地下鉄の路線が広がっていた。

ゴールドラインのジョアーン駅に着き、これから一緒に生活をすることになるジャーナリスト仲間とチェックインを済ませ、大会取材に必要なアクレディテーションパスを受け取りにメインメディアセンターに向かった。

今回の移動は、開設された地下鉄と、アパートメントのすぐそばから出ているメディアバスの２つがメインだ。メディアバスはメインメディアセンターから全スタジアムにダイレクト運行している。

バスに乗ると、ほかの国の報道陣が大勢乗っていた。

思えば、新型コロナウイルスの世界的な流行の影響で、私にとっては２０１９年にポーランドで行われたU-20ワールドカップの取材以降、初となる海外取材だった。

久しぶりに味わう世界大会前の独特の感覚と、それをワールドカップで経験できるということに、自分の心が躍っているのがわかった。

メインメディアセンターに着くと、その施設の巨大さと内装の豪華さに目を奪われた。巨大なコンベンションセンターを丸々メディアセンターにしていることもあり、メディアルームにたどり着くまでがとても長く、メインエントランスには巨大なオブジェや独特の形をした柱があり、今回のワールドカップのスケールの大きさに度肝を抜かれた。

無事にメディア関係者用のアクレディテーションパスを受け取り、開会式と開幕戦の取材のため、ドーハ市内からいちばん遠い場所にある、アル・バイト・スタジアムへ向かった。

メディアバスは超満員だった。

開幕当日とあって、オペレーションがうまくいっていないのか、バスは一般車両と同じ道でスタジアムまで行ってしまい、大渋滞にハマった。

スタジアムが見えているのにもかかわらず、刻一刻と開会式の時間が近づいている。バスの中では、各国のメディア関係者が苛立ちを見せ、なかには激怒しだす人まで現れた。その状況にバスの運転手は気が動転したのか、道のりを間違えて広大な空き地に迷い込み、立ち往生してしまった。

その後、何とかスタジアムの近くまでたどり着いた。しかし、開会式まであと30分となろうとしている状況で、再び渋滞によって完全に身動きがとれない状態になってしまった。

窓の外を見ると、何台か先にいたメディアバスは歩道に寄せて、メディア関係者をを降ろしていた。

これを見ていた各国の報道陣が一斉に「俺たちも降ろしてくれ」と主張した。運転手は快く応じ、私たちは歩道に降りて、駆け足でスタジアムに向かった。

カタールのワールドカップで、初のスタジアムの感動を味わう暇もないほど、早歩きしてメディア関係者用の入り口を目指した。

そして、アクレディチェックと荷物チェックを終えると、メディアシートに直行した。ちょうど席に着いた直後に開会式が始まった。

さまざまな演出が施される豪華絢爛《けんらん》な開会式を経て、ついに、開幕戦のカタール対エクアドル戦が始まった。

スタジアムの熱気、あふれ返る各国の報道陣を見て、ワールドカップという熱狂を肌で感じた。この熱量をもって、3日後に行われる日本代表の初戦に臨みたい、そう思った。

私のワールドカップ取材が幕を明けた。

## ドイツの猛攻、日本の我慢

11月23日、ついに日本の初戦となるドイツ戦を迎えた。

前日、決勝のスタジアムとなるルサイルスタジアムの黄金の外装に圧倒されるなか、サウジアラビアがアルゼンチンに対し、2対1の逆転勝利をおさめた試合を目の当たりにしたばかりだった。

同じアジアの国の大活躍に興奮を覚えつつ、はたして日本もドイツを相手に、格下のチームが格上のチームから勝利を挙げる、いわゆる〝ジャイアント・キリング〟を起こせるのか。期待と不安が入り混じっていた。

スタンドでは、日本のサポーターが勝利を願って熱のこもった応援をしていた。ドイツサポーターは、あまり多くないなと感じ、どちらかというと、優勝候補であり、タレント集団であるドイツを見にきているという雰囲気の、ワールドカップ自体を楽しみに来ている人々が多い印象だった。

実際に試合が始まると、ドイツのプレーに拍手を送ったり、ドイツのチャンスに声を上げたりする人が多く、おそらく、スタジアムにいた多くの人が「ドイツが勝つ」

と思っていただろう。

試合が始まると、よりその思いが強くなるような展開だった。立ち上がりから、ドイツが優勢にボールを保持した。

ドイツは全体を高い位置に押し上げて圧倒しにかかるが、4-2-3-1で臨んだ日本は、ライン設定と選手間の距離を保ちながら落ち着いて対処しているように見えた。

そのうえで、チャンスは右のミッドフィルダー（以下MF）の伊東純也とフォワード（以下FW）の前田大然《だいぜん》のスピードを生かして、カウンターを狙うという姿勢が見てとれた。

8分、MF遠藤航《わたる》のボール奪取から、鋭いカウンターを発動。

中央でボールを受けたMF鎌田《かまだ》大地がドリブルで運んで、右サイドを駆け上がってきた伊東に展開。伊東は相手のゴールキーパー（以下GK）とディフェンス（以下DF）ラインの間にグラウンダーの高速クロスを送り込み、これをファーサイドに詰めていた前田がダイレクトで蹴り込んでネットを揺らした。

その瞬間、ハリーファ国際スタジアムは、大きな歓声に包まれた。

しかし、副審の旗が上がっており、判定はオフサイド。

もしかすると、と期待を抱いたのも束の間、このプレーでドイツの目が覚めたのか、ここから相手にボールをもたれる苦しい展開に陥った。

それでも吉田麻也《まや》と板倉滉《こう》のセンターバックコンビ、遠藤と田中碧《あお》のダブルボランチが中心となってスライドと球際のデュエルで対抗。シュートまでもちこまれるシーンでも身体を張って相手の猛攻を食い止めていた。

その一方で、立ち上がりから恐れていた部分があった。

それは、ドイツがボールを動かしながら、日本の伊東と久保建英《たけふさ》の両サイドの裏、酒井宏樹と長友佑都のサイドバックの横にできるスペースをずっと狙っていたことだった。

とくに、ドイツの左サイドバックのダビド・ラウムが常に高い位置に張り出して、外に中にと自在に動く左サイドハーフのジャマル・ムシアラとともに伊東を低い位置に押し下げたり、伊東が食いついた瞬間に裏のスペースに入り込んだりして、酒井に対して数的優位をつくって崩しにかかるシーンが散見された。

徐々にサイドでチャンスをつくられて、押し込まれるシーンが続いた。

ドイツの崩しに、日本の守備陣は完全に翻弄され、ボールサイドに一斉に偏ってしまった。

ドイツのフィニッシュの雑さや、判断ミスに救われていた状態だったので、早く修正しないと傷口がさらに広がってしまうと思った矢先の29分だった。

日本の左サイドをえぐられてピンチを招くと、31分についにその場所から均衡を崩されてしまった。

サイドバックのニクラス・ズーレの縦パスから、ＦＷのカイ・ハフェルツ、トーマス・ミュラーとつないで、中央右に走り込んだヨシュア・キミッヒに横パス。

この瞬間、右サイドバックの酒井がキミッヒの左にいたＤＦのニコ・シュロッターベックにプレスに行くために前に出たのに対し、伊東までもシュロッターベックに行ってしまい、そのさらに左を駆け上がっていたラウムを完全にフリーにさせた。

酒井と伊東の背後にポッカリと空いた広大なスペースをキミッヒは見逃さず、ワントラップで左にターンをして、左足で浮き球のパスを送り込んだ。その瞬間、

「まずい！」

そう思ったが、完全に崩されている状況ではなす術《すべ》がなかった。板倉と長友の位置

を見ても、ラウムはオフサイドではない。

ラウムはゴールキーパー（以下ＧＫ）の権田修一《ごんだ》と、ＤＦの状況を冷静に見て、ダイレクトではなく足元にトラップ。権田はブロックにいったが、ラウムに対してのファウルでペナルティーキック（以下ＰＫ）の判定が下された。

このＰＫをイルカイ・ギュンドアンにきっちりと決められ、先制を許した瞬間、ハリーファ国際スタジアムにいた日本サポーターは重い空気に包まれた。記者席も同様だった。

前半はなんとか無失点で凌ぎたかったが、耐えきれなかった。あと1失点したら試合自体が終わってしまいかねない。考えられる最悪のシナリオは、初戦で大敗することだ。

仮に負けたとしても1点差に抑えておかないと、のちの得失点差で大きな影響が出る。もちろん、精神的にも大きなダメージとなる。

追加点を奪って早めに試合を決めたいドイツは、ここからさらに攻め込んできたが、伊東も失点後はポジションを低くして対応するなど、全員が攻撃よりも守備にウェイトを置いてゴール前を固めるようになった。

前半アディショナルタイム４分、ゴール前の混戦からキミッヒに決定的なシュートを放たれるが、ＧＫ権田が鋭い反応でセーブ。このこぼれ球をセルジュ・ニャブリに折り返されて、ゴール前に飛び込んだハフェルツに押し込まれた。

だがこれは、微妙な判定をビデオ映像と通信用ヘッドセットを用いて行われるビデオ・アシスタント・レフェリー（以下ＶＡＲ）の確認により、オフサイドとなって事なきを得た。

前半のシュート数はドイツが14本に対し、日本はわずかに１本。ボール保持率もドイツが72％で日本は17％（どちらのボールでもない状態が11％）と、数字を見ても、その力の差は明らかだった。

「正直、厳しいね。でも、とりあえず１点差にとどめられたことはよかった」

ハーフタイムに、知り合いの記者とそんな会話を交わした。

後半に勝負をかけると割り切れるのならば、悪くない展開でもあった。このまま守備一辺倒では、いつかは崩壊を免れないことは確かだった。

## 記者席で震えた瞬間

後半開始に向け、森保一《もりやすはじめ》監督は、用意してきた策を打ち出すことを決断した。左サイドハーフの久保に代えて、センターバックの冨安健洋《とみやすたけひろ》を投入。選手たちがピッチに散らばる姿を見ていると、DFラインが4枚から3枚になっていた。

つまり、布陣を4－2－3－1から3－4－3のシステムに変更し、守備時には最終ラインを冨安、吉田、板倉の3バックの両脇に、長友と酒井の両ウィングバックを下げて5バックにしながら守備を固めつつ、カウンターの際には一気に両サイドが前にせり出して、鎌田、前田、伊東の3トップに絡んでいく狙いだ。

このシステムチェンジに、ドイツは明らかにとまどっていた。

流れが変わりつつあることを感じた森保監督は、57分、長友に代えて、絶好調を維持する日本の切り札、三笘薫《みとまかおる》を投入する。そして、前田に代えて、フォワード（以下FW）の浅野拓磨《たくま》を送り込んだ。

59分、イルカイ・ギュンドアンが3人のブロックをものともせずにグラウンダーのシュートを放つが、これはゴール右ポストを叩いた。

シュートをポストに当てたギュンドアンの表情を、記者席に備え付けられているモニターで見たとき、打てども打てども追加点を奪えないことに焦りを感じているように見えた。早く仕留めたいという気持ちが、前面に出ているように感じた。

70分にもドイツのヨナス・ホフマン、セルジュ・ニャブリが連続してシュートを放ったが、GKの権田がスーパーセーブ。さらに、その流れからニャブリが立て続けに2連続シュートを打つが、これも権田が阻んだ。

権田の4連続セーブ。息の根を止められかねないピンチを凌いだことで、流れは日本へと傾いていく。

1点差のままであれば、いくらでもチャンスはある。

待望の瞬間は、田中に代えて堂安律《どうあんりつ》を、酒井に代わって南野拓実《たくみ》を投入し、5枚の交代カードをすべて使いきる勝負に出た直後の75分に訪れた。

日本はDFラインのパス回しから左サイドに張っていた三笘にボールを渡す。

その瞬間、私の心は期待に揺れた。

記者席で試合を観ていても、息が詰まるような状況だった。しかし、三笘がボールをもつと、明らかにスタジアム全体の空気が変わるのだ。このときもそうだった。

三笘は周囲の期待に呼応するかのように、高速カットインを仕掛けると、対応にきたニクラス・ズーレに対して、加速から急停止。ズーレとの間合いを開けた瞬間、南野が動き出していた。

「薫があそこでボールをもったら、何か起こしてくれることは感じていた」

南野はそう試合後に話したが、三笘のドリブルコースを開けながら、ペナルティーエリア内左にできたスペースに飛び込んできた。

タイミングよく飛び出した南野へ、三笘から絶妙なスルーパスが届く。そして、南野はゴール前に浅野が飛び込んでいるのを見て、寄せてくるアントニオ・リュディガーよりも一瞬早く中央へ折り返す。

「GKとDFの間にシュート性の早いボールを送れば、何かが起こると思った」

試合後に南野はそう述懐《じゅっかい》したが、名手マヌエル・ノイアーもシュート性のボールを弾くのが精一杯だった。そして、ファーサイドにボールが転がった瞬間、そこにスッと現れた選手がいた。

「堂安だ、打て！」

私はそう心の中で叫んだ。堂安はこぼれ球を得意の左足で冷静に捉《とら》えると、ボールをゴールに一直線に突き刺した。

この瞬間、選手はもちろんのこと、日本サポーター、日本メディア陣も喜びを大爆発させた。苦しんで、苦しんで、苦しんだ末につかみ取った同点弾。

しかも、優勝候補のドイツに追いついたことに、スタジアムの空気も一変した。どちらのファンでもない人たちが、ここから日本を応援するようになった。

何が何でも勝ち越したいドイツは、選手交代で攻撃をテコ入れしてきた。だが、日本は一度つかんだ流れを手放さなかった。

79分、左からのニャブリのグラウンダーのクロスを、ニアで吉田がスライディングでブロックし、仲間を鼓舞した。

82分、ドイツの攻撃に対して遠藤がルーズボールをうまく身体を入れて拾うと、ニコ・シュロッターベックに倒されて自陣でフリーキック（以下ＦＫ）を得る。板倉がセットをして前を見てから、素早い助走で大きく前に蹴り出した。

このボールの先に、浅野がトップスピードに乗って走っていた。

「混がボールをもったときに『来る』と思ったんです」

そう浅野が試合後に語ったとおり、板倉のリスタートに対し、瞬間的に身体が反応していた。

浅野はボールの落ち側を右足インステップで斜めゴール方向にトラップし、ＧＫとの１対１の状況をつくりだした。

そして、寄せに来たシュロッターベックを背中で完全にブロックしながら、ＧＫノイアーのニア上を射抜く豪快な右足シュートを突き刺した。

「正直、ニア上を狙ったわけではありません。思い切ってシュートを打った結果です。みんなの気持ちが強い分、それがボールに乗ったのかなと思いました」

試合後に浅野は、そう振り返っている。

日本の想いがつまったボールがゴールネットに突き刺さったとき、会場には割れるような歓声が沸き起こった。ついに、日本がドイツに逆転した。

この瞬間、私は記者席の雰囲気も、スタジアム全体の熱気もどこかで体験したように感じた。そうだ、前日にサウジアラビアが、アルゼンチンに逆転をした瞬間だ。

アルゼンチンも熱狂的なサポーターが集結していたが、サウジアラビアのサポーターも、カタールの隣国ゆえに大集結し、スタジアムはすさまじいまでの歓声とチャントの声が響き渡っていた。

そのなかで行われた試合は、10分にアルゼンチンのリオネル・メッシがPKを決めて先制したことで、「簡単にアルゼンチンが勝つだろう」という雰囲気が流れた。

だが、後半、開始早々の48分にサウジアラビアが同点に追いつくと、雰囲気は一変。直後の53分に見事な崩しで逆転ゴールが決まると、スタジアムがサウジアラビアの金星を期待する異様な雰囲気となり、完全にサウジアラビアのホームと化した。


「再びアジア勢が大金星をつかむのか」

周囲の外国人記者も色めき立っていた。どちらのサポーターでもない観客も、サウジアラビアのときのように、明らかに日本を応援するようになっていた。なぜか、サウジアラビアの国旗を振りながら日本の応援をしている人もいた。

異様な空気がスタジアムを包み込んでいた。

「勝てるかもしれない」という気持ちが湧いてくる一方で、

「ここで喜びすぎてはいけない。相手は優勝経験のある大国、ドイツ。このまま終わるわけがない」

そう言い聞かせる自分がいた。

「何とかこのまま終わってくれ、頼む！」

ここからは祈るように試合を見つめ、ボールペンを握りしめる手には汗がにじんでいた。

ドイツはロングボールを放り込みながら、圧力をさらに強めてきた。

しかし、その状況でも、日本は勇敢に追加点を狙いにいった。

88分、リュディガーのクリアミスを浅野が拾い、堂安につなぐ。堂安がそのままドリブルでペナルティーエリア右に侵入していった瞬間、追いかけてきたリュディガーに倒されたように見えたが、これはノーファウルの判定。

この瞬間、スタジアムは大きなブーイングに包まれた。周りを見ると、日本代表のユニフォームを着たサポーターはもちろん、ほかの国の観客までもが大きなジェスチャーでブーイングをしている。一方で、ドイツサポーターやドイツメディアは安堵の表情を見せる。

落ち着いた雰囲気だった前半と比べ、試合終盤は日本の健闘により、多くの観客が喜怒哀楽を見せる熱量に満ちた空間となっていた。

アディショナルタイムは7分の表示だった。

あとで聞いた話では、試合解説をしていた本田圭佑が、「7分!?　7分もある？」と叫んだらしいが、記者席にいた私も含めて、見ていた多くの日本の人たちがそう思っただろう。1秒でも早くタイムアップのホイッスルが鳴ってほしかった。

長い7分間だった。

アディショナルタイムの3分、左クロスからペナルティーエリア内中央でMFのレオン・ゴレツカに絶好球が渡るが、トラップした瞬間に三笘が瞬時に反応し、右足でボールをからめとると、大きくクリアした。

集中力はまったく切れていない。同5分には、パワープレーからゴレツカに決定的なシーンを迎えられるが、放ったシュートは枠の外。

同7分に右FKを得たドイツは、ゴール前にGKノイアーまで上がり、まさに、なりふり構わず同点ゴールを狙ってきた。

しかし、飛び込んでくるノイアーには冨安がきっちり対応するなど、ゴール前に雪崩れ込んできたドイツの選手たちに対し、日本は身体を張って食い止めた。

ファーサイドのズーレに届いたボールに対しても、ズーレのシュートを遠藤が身体を張ってブロックし、コーナーキック（以下ＣＫ）へ。遠藤はその場で大きくガッツポーズを見せた。

そのＣＫも権田が大きくパンチングで弾き出すと、そのあとのドイツの仕掛けも凌ぎきる。

ドイツがチャンスを逃すたびに、頭を抱えるドイツメディアと、胸を撫《な》で下ろす日本メディア。ピッチでも記者席でも、そして、スタンドも緊迫した空気のなか、ついにそのときがやってきた。

タイムアップのホイッスルが鳴り響いた瞬間、ベンチから選手たちがピッチに雪崩れ込み、歓喜の輪が広がった。

気がついたら大きくガッツポーズをしている自分がいた。

歓声とどよめきに包まれるスタジアム。言葉では表すことができない熱気が充満していた。まさに、世界を驚かせる歴史的大金星だった。

## 歴史的勝利の余韻

私は、再びサウジアラビアが起こした奇跡を思い出した。勝利の瞬間、サウジアラビアのサポーターは心から歓喜し、涙を流す人もいた。

試合後に、私もサウジアラビアサポーターに話しかけて祝福をするほど、感動的な勝利であり、アジア勢としての誇らしさも感じた。そして、同時に羨ましさもあった。

「日本もこうなるといいな」

それだけに、ドイツ戦での勝利は心から嬉しく、思わず涙が出てしまった。

試合後のミックスゾーン。選手たちの表情は明るかった。同時に彼らがずっと抱えていた反骨心も、ひしひしと伝わってきた。

「ここにいる選手も監督も、このワールドカップのために準備をしてきたので、すべてが必然といえますし、逆にすべてが奇跡だともいえます。４年前から誰に何を言われようと、こういう日を想像して準備をしてきたからこそ、この結果につながったと思います」

殊勲の決勝弾を挙げた浅野は、芝の色がついたユニフォーム姿のままで登場し、真

っ直ぐな目で思いを伝えた。すると、どこからともなく、

「ブラボー！」

という雄叫びが、ミックスゾーンにこだました。

浅野に対してのメディア取材が終盤に差し掛かっているときに、長友が勢いよく
「ブラボー！」

と叫びながら、浅野に抱きついたのだ。浅野の背中を何度も叩きながら「ブラボー！」と叫び、すれ違いざまにイタリア語で「勇気・勇敢」を意味する「コラージョ！」を連呼。浅野も「ブラボー！」「コラージョ！」と叫び返し、勝利の喜びの大きさが伝わってきた。

「マイナスな意見もあったけど、チーム力というか、『ここで俺たちが何かを示すんだ』という強い気持ちを全員がもっていたからこそ生まれた結果だと思う」

こう南野が口にしたように、戦前の下馬評が高くはなかった現実に対して、勝利を本気で求め続けた全員の結束によってもたらされた金星。

ワールドカップにおける日本の存在感が一気に増した瞬間だった。浅野はこうも語っていた。

「ドラマティックって本当に起こるんだなと思ったし、伝えられたかな」

それは日本国内にはもちろん、世界各国にも発せられた強烈なメッセージだった。

選手たちの思いがあふれるミックスゾーンでの取材を終え、スタジアムをあとにすると、ボランティアスタッフから「ジャパン、ナイス！」と声をかけられた。

私のスマートフォンにも、「日本すごかったね」「あんな試合を現地で見られて羨ましい」「日本でめちゃくちゃ話題になっているよ」というメッセージが届いた。ＳＮＳを見ても、日本勝利の話題でもちきりだった。

日本で一気にワールドカップ熱が上がってきていることを実感できた。

アパートメントに戻ったあとも、勝利の余韻は抜けなかった。いつも笑顔で応対してくれる入り口の警備員やフロントの人も、テンション高めに拍手や満面の笑みで迎えてくれた。

翌日、街を歩くと、サッカーボールを蹴っていた現地の子どもたちからも、

「ジャパン、ワンダフル！」

と声をかけられて次々とハイタッチを求められた。カタールの人たちやほかの国の

サポーターにとっても衝撃的な勝利だったことが伝わり、それが誇らしかった。

この試合以降、われわれメディアの環境も急激に変化した。

新たな仕事の依頼が次々と舞い込み、日本からの連絡が急増した。友人や昔の知り合いからも連絡がきた。どれも日本代表の話題で、反響の大きさに驚くばかりだった。

逆にいえば、それまでいかに注目されていなかったかを痛感した。

ドイツにワールドカップで勝利したという歴史的な出来事が、一気にニュースとして日本の日常のなかに駆け巡った。久しぶりに東京・渋谷センター街の喧騒が、SNS上に多く掲載されていた。

この勝利は単なる一勝ではない。

ワールドカップが行われていること、そして、ジャイアント・キリングを通じてサッカーの魅力を、多くの人々に知ってもらえるきっかけになった。

サッカーに関わる〝サッカー人〟として、これほど嬉しいことはなかった。

# 第2章
―
# 疾風のストライカー

## 7人兄弟の3番目

「僕は〝感謝〟という言葉をよく使いますが、僕のなかで感謝は原動力なんです」

ドイツ戦のあと、浅野拓磨はこう思いを口にした。

「たとえ、目標や夢をもてたとしても、それに対して、常に頑張り続けることは難しい。でも、そんなときに力を与えてくれるのが感謝の気持ち。べつに『感謝の気持ちをもて』と言いたいわけではないんです。感謝の気持ちは押しつけるものではなくて、自分で勝手に感じるもの、心の底から自然と出てくるもの。僕は両親に『サッカーをさせてくれてありがとう』『送り迎えしてくれてありがとう』『試合を見にきてくれてありがとう』『四中工に入れてくれてありがとう』『ここまで育ててくれてありがとう』という感謝の気持ちがあるから、自然と目標ができるんです。恩返し自体が僕のなかで目標になるんです」

強敵ドイツをどん底に陥《おとしい》れた疾風のストライカーは、なぜ、激戦のあとにこう発言したのか。この言葉はこれまで歩んできた人生に起因する。

彼を初めて見たのは、彼が四日市中央工業高校（以下、四中工）の１年生のときだった。

第一印象は、「すごく気を使えて周りが見える賢い選手」というものだった。

当時から爆発的なスピードをもちながらも、多くのアイデアと引き出しをもち、変化をつけたプレーができる。それでいて人懐っこい性格で、口調も穏やかなうえユーモアセンスもある。非常に魅力的な人間性をもっていた。

そして、いちばんの魅力は、サッカーに対する覚悟と意思を包み隠さずに自己主張できる人間だということだった。

三重県菰野町《こものちょう》で、７人兄弟の３番目として生まれた彼は、幼いころから周囲に気を配ることができた。

「上も下も両方見ているので、バランサーというか、常に全体を見る癖があると思います」

サッカーに関しては、純粋で、負けず嫌い。それは、多くの傑出した高校生プレーヤーの共通項ではあるが、彼は、そんじょそこらの高校生とは異なり、「肝が据《す》わった」選手だった。

それは、四中工に入部する経緯ひとつをとっても、端的に表れている。

「僕は兄弟が多いし、決して裕福でもなかったから、『みんながこれやっているから』『みんながこれをもっているから』という理由で、『俺も欲しい』とは言えなかった。うらやましいと話をしたら、お母さんから『そんなん、人それぞれや』と言われたんです。本当にそうだなと。周りがどうではなく、自分にとって何が必要か、何が正しいかを考えて行動するようになりました」

人の話を聞いて、自らと照らし合わせたり、その組織での立ち位置を把握したりして言動を選択できる。彼が中学時代に所属していたのはクラブチームではなく、地元の菰野町立八風《はっぷう》中学のサッカー部だった。

Jリーグの下部組織や地域で活動をするクラブチームに行かなかった理由を聞いたとき、彼はこう話していた。

「どっちがいいという考えすらありませんでした。『当たり前』って人それぞれなんです。僕のなかではどこに行っても、そのチームの中心になってプレーすることに変わりはなかった。この考えが当たり前だったので、クラブチームでうまくなるという選択肢も、中体連から這《は》い上がるという感覚もなかった。地元の小学校から地元の中学校に進んでサッカー部で頑張るというのが、僕のなかでの当たり前でした」

周りから環境を与えられないとできないのではなくて、自分ならどこに行ってもサッカーがうまくなれるという自信。

当然、中学校の部活動ゆえに、うまい選手もいれば、まったくの初心者や経験の浅い選手もいた。

「部員も30人程度だったので、紅白戦をしてもレベルの差は歴然。でも、拓磨は初心者の子やうまくプレーできない子がいても、すごく優しく接していました。だから、紅白戦のチーム分けをすると、『拓磨と同じチームになりたい』という声が多かったんです」

以前、八風中学サッカー部の監督だった内田洋一氏に話を聞いたとき、そんなエピソードを教えてくれた。

浅野は初心者の選手をフォローしたり、丁寧に教えたりする一方で、うまい選手たちに対しては、厳しく、しっかりと自分の要求を伝えていたという。

その話を聞いたあと、浅野自身に、なぜそうしたのかを聞くと、彼は「当たり前のことですよ」と前置きをして、次のように理由を語った。

「サッカーはチームスポーツなので、個々がもっている実力がすべてではないんです。たとえば紅白戦で僕のチームより相手チームのほうに県選抜や市選抜クラスのうまい選手がいくのですが、実力差があっても、みんながミスを恐れずに楽しくプレーをすれば、チームが盛り上がってくるんです。自分も楽しくなって、よりいいプレーが引き出される。僕らのチームからはマイナスな言葉が出てこないし、逆に相手はイライラしてきて、1つのミスで誰かが怒ったり、自分たちから雰囲気が悪くなったりしていく。すると最終的に僕らが勝つんです。チームとして戦うことが大事で、それが自分の力を発揮させるんです」

周りを巻き込みながらうまくなっていく浅野を中心に、メキメキと力をつけてきたチームは、彼が中学2年生の夏には、三重県代表として東海大会に出場した。

初戦で静岡代表の常葉学園橘中学と対戦し、1-2で敗れ、東海地区代表として全国中学サッカー大会に出場することはできなかったが、この試合を視察に来ていたのが、当時、四中工を率いていた樋口士郎氏だった。

「ぜひ、ウチにきてほしいとすぐに思った」

そこから樋口氏は、浅野獲得へ全力を注いだ。

しかし、浅野獲得はかなり難航した。何度誘っても、彼は首を縦に振らない。理由は中学進学時とまったく一緒だった。

「家計のことを考えると、遠征が多いし、金銭面での問題が出てくる。プロサッカー選手になれる自信があったからこそ、べつにサッカーの強くない普通の公立高校に行っても、国体などで活躍し、そこで頑張れば必ずプロになれると思っていた」

彼らしい思考だった。ただ、本音としては、四中工のような強豪校でプレーをしたい気持ちはあった。

「四中工に行ったほうが、より自分のためになることは十分理解していたんです」

浅野が希望した高校は、県でベスト8まではいくが、全国大会には遠い地元の県立高校だった。

周りに迷惑をかけない選択をしようとする浅野に対し、樋口氏はあきらめることなく、何度も高校時代の後輩でもある内田氏とともに説得に動いた。

とはいえ、家族を思ったうえでの彼の意志を変えることは、簡単ではなかった。

そんななか、夢と現実の狭間で大きく揺らいでいた浅野の心を、内田氏のある一言が動かした。

「内田先生から、『3年間だけは親に辛抱してもらって、3年後にプロになって自分で返していけばいいと思うよ』と言われたとき、『たしかにそうやな』と、自分のなかで何か腑《ふ》に落ちた部分があったんです」

この言葉で彼の決意は固まった。

「両親には、『3年間は迷惑をかけるけど、プロになってからは僕が経済面も含めてなんとかする』と伝えました。その時点で、僕のなかでプロになることは『夢』という甘い言葉ではなく、絶対にプロにならなければいけない新たな理由が増えたのです」

このような経緯を経て、名門の扉を叩いた彼の目つきや意志の強さは、周囲の高校生とは異質だった。精神的な落ち着きと、サッカーに対する貪欲さを人一倍感じた。

最初は試合機会を得られなかったが、高校1年生の9月になると、国民体育大会（以下、国体）の三重県選抜のエースとして浅野はブレイクした。

第89回全国高等学校サッカー選手権大会（以下、高校選手権）でチームは初戦敗退をしたが、浅野は1年生ながら途中出場。この高校選手権以降、彼の存在感は格段に増していく。

彼が高校1年生から2年生に上がる2011年3月。岐阜県で開催された高校サッカーの大会において、ひと際鍛え上げられた身体を、しなやかかつスピーディーに使いこなし、ピッチ上で躍動している浅野の姿を見た。

確実に成長している彼に話を聞くと、目を輝かせながらこう話をした。

「プロになるためには2年生の1年間が大事なんです。ここで『あいつは違う』と思わせないと、僕の絶対目標は達成できないんです。それに樋口監督も僕に期待をしてくれていることが伝わってくるからこそ、その期待に応えたいんです」

このとき、彼の目の力と思いがヒシヒシと伝わる言葉に、どんどん引き込まれた。

「費用を出してくれる親のためにも中途半端はいけないし、『なれませんでした』ではダメなんです。もう『何がなんでも』というか、プロになることしか考えていません」

彼の目、言葉には嘘偽りがない。だからこそ、周りも彼に魅力を感じ、期待を寄せてしまう。彼の獲得に必死になった樋口氏の気持ちがよくわかった気がした。

ここから彼とは頻繁に言葉を交わすようになるが、とくに印象に残った言葉がある。

「僕はあきらめの悪い人間になりたいんです」

これはインタビューのときではなく、何気ない会話の中から出てきた言葉だった。

「どんなに困難なことがあっても、あきらめないでやることがいちばん大変だし、難しいことだと思うんです。でも、僕にはプロサッカー選手をあきらめるという選択肢はないので、どこまでもあきらめの悪い人間になりたいんです」

11年後、この言葉を思い出すシーンがあった。それは後述するが、彼の覚悟は着実にステップアップへと導いていった。


2年生で不動のレギュラーの座をつかんだ浅野は、その年に秋田県で行われた全国高等学校体育大会（以下、インターハイ）でハットトリックを達成するなど、ベスト16入りに貢献。

高円宮杯JFA U-18プリンスリーグ東海でも得点王に輝くと、迎えた第90回全国高等学校サッカー選手権大会で彼の名は全国に轟《とどろ》くことになった。

1回戦の羽黒（山形）戦で先制点を決めると、2回戦の徳島市立戦でも1ゴール。3回戦の立命館宇治（京都）戦では、0-1で迎えた後半アディショナルタイムに起死回生の同点弾を挙げ、PK戦での勝利に導いた。

準々決勝の中京大中京（愛知）戦。1－2で迎えた後半アディショナルタイムにボレーシュートを決めて、2試合連続の起死回生の同点弾を挙げると、この勢いで再びPK戦を制して準決勝進出を決めた。

準決勝の尚志（福島）戦、「ずっとこの舞台でプレーすることを夢見ていました」と語る国立競技場での決戦で、彼は2ゴール1アシストと大暴れをし、チームを20年ぶりの決勝に導いた。

市立船橋（千葉）との決勝では、先制弾を挙げて1回戦から決勝まで6試合連続ゴールという離れ業《わざ》をやってのけた。チームは延長戦の末に敗れて全国制覇こそならなかったが、得点王に輝いた浅野の大会となった。

この大会を境に、ピッチ上での彼のたたずまいにはオーラが漂うようになった。彼を見ていると「隙ができたらいつでも仕掛けるぞ」「常にゴールを見ているぞ」とメッセージが聞こえてくるような、〝危険な香り〟を漂わせていた。

「ここで満足なんかしていられません。僕の目標はまだ達成されていませんから」

高校選手権での活躍で一気に注目度が上がったが、いっさいの慢心はなかった。逆に自分の信念を確認し、さらに貪欲さが増した。

彼が高校3年生になった5月、インターハイ三重県予選決勝に取材に行った。ハットトリックの活躍を見せて2年連続のインターハイ出場を決めた彼は、試合後、応援に来ていた家族と話をしていた。浅野の脚には6男の子がくっついていて、その表情は優しいお兄さんだった。

「実はこれまで6人兄弟だったのですが、最近、妹が増えて7人になったんです」

そう笑顔を見せながら話した浅野の表情は、より決意にあふれているように感じた。

「妹のためにも僕が頑張らないといけないんです。大きくなって、お兄ちゃんがサッカーで活躍している姿を見せたいんです」

頑張る理由が増えた。彼が発する言葉の数々は、17歳とはとても思えないほど重みを感じる。

彼に対する尊敬の念はますます深まっていった。

## 広島でのステップアップ

この年、彼はサンフレッチェ広島加入が内定し、ついに絶対目標だったプロサッカー選手になることが決まった。

「攻撃的なサッカーで、ボールの支配率もJリーグのなかでトップクラス。自分に合っていると思いました。もうプロになることは達成したので、次はサンフレッチェでレギュラーをつかみ、日本代表になってワールドカップに出ることが絶対目標に切り替わりました」

　高校生最後の高校選手権前に取材したとき、彼は新たな目標に向けて目を輝かせていた。当時、広島には絶対的エースストライカーの佐藤寿人《ひさと》がいたが、彼にとっては尊敬する存在であり、ライバルだった。

「寿人さんはお手本中のお手本なので、いいところはどんどん盗んで、学んでいきたい。もちろんライバルとして見ていますし、寿人さんを追い越すつもりで選んだのもありますから」

　彼の言うことは決して大風呂敷ではなく、〝本物の覚悟〟を感じることができた。

最後の高校選手権は初戦敗退となったが、彼は新たな絶対目標を掲げてプロの世界に飛び込んでいった。

　1年目の出番はほとんどなかった。だが、チームを率いていた森保一監督の下でプロサッカー選手としての土台を築いた。出番がなくても不満をいっさい言わず、貪欲に練習に打ち込んだ。

「監督に信頼されるためには、監督の求めることを求めるレベルでやってこそ。使われないのはそれができていないということなので、常に自分を見つめながらレベルアップに励んでいます。いま僕がやっていることに無駄なことなんて一つもないし、無駄な時間なんて1秒もないんです」

2年目で出番を得ると、3年目の2015年には森保監督からの信頼をガッチリとつかんでレギュラーを獲得。J1リーグで8ゴールをマークし、リーグ優勝の立役者のひとりとなった。

2016年に背番号が10になり、リーグ前半で大きな存在感を放つと、同年7月にイングランドのアーセナルFCに完全移籍。当時ブンデスリーガ2部のシュトゥットガルトに移籍し、そこからドイツでの日々がスタートした。

日本代表においても結果を出した。

2016年のAFC U-23選手権（リオデジャネイロ五輪アジア最終予選）では決勝の韓国戦で途中出場から衝撃の2ゴールを決めて、U-23日本代表を逆転優勝に導いた。この活躍が認められ、彼はついにA代表に呼ばれるようになった。

このときに、のちの彼の言動につながる大きなきっかけの出来事があった。

## 感涙した一通のメール

2016年6月7日、市立吹田サッカースタジアムで行われたキリンカップ2016決勝のボスニア・ヘルツェゴビナ戦。

この試合で彼は1－2で迎えた後半アディショナルタイムに、清武弘嗣《ひろし》のパスを受けてGKと1対1になった。

周りはシュートを期待したが、浅野は中央でフリーになっていた小林悠へのパスを選択。この横パスが相手守備陣に引っかかってクリアされてしまい、決定的なチャンスをフイにした。

このシーンに対し、周囲は「消極的な姿勢」「なぜシュートを打たないんだ」と、彼のプレーを辛辣《しんらつ》に批判した。パスが引っかかった瞬間、スタジアムも大きな落胆に包まれた。そして、その後の浅野の言動が批判をさらに加熱させた。

試合後、彼は人目をはばからず号泣。その姿に当時A代表の柱だった本田圭佑ら周りの選手に慰められるほどだった。

さらに、試合直後にピッチサイドで行われるTVのフラッシュインタビューで、そのシーンについて聞かれると、

「パスを選択したことを後悔しています」

と彼自身が答えたことで、あのシーンは、「シュートを打たない消極的な姿勢が生み出したシーン」「自信がない証拠」と、決定的に印象づけられてしまった。

しかし、彼の捉え方はまったく違っていた。それからしばらくして、彼に話を聞くと、こう口を開いた。

「あのとき、もちろんシュートも考えたのですが、僕はすごく冷静に周りが見えていて、対峙したGKとゴールの位置、中にいた小林選手がはっきり見えたんです。自分が打つよりも、小林選手が打ったほうが入る確率が上がると考えて、パスを選択した。ただ、そのパスの精度が低かったんです。僕が反省すべきなのは、シュートを打たなかったことではなく、高い精度のパスが出せなかったことなんです」

あのシーンは、冷静に判断をしたうえでの〝最良の選択〟だった。では、なぜ彼は

「パスを選択したことを後悔した」と言ってしまったのか。

それはチャンスを逃した瞬間のスタジアムの雰囲気に、まだ経験が浅かった彼が完全に飲み込まれ、我を失ってしまったことにあった。

「僕のなかではあの経験はすごく大きかった。あのとき、僕はメンタルがやられていて、すぐにメディアの前で『パスを選択したことを後悔した』って言ってしまった……。僕は『後悔した』という言葉を発した自分に後悔したんです。それはいまでも強く後悔しています」

冷静かつ正常な判断ができないまま、インタビューでの発言につながってしまった。

「もし、あそこでシュートを打ったとしても、外れていたら周りは『何で中を使わないんだ』とか、『フリーの選手が見えていなかった』と言われてしまう。結局、ミスをしたら言われるんです。あのとき、僕がメディア対応で言わなければいけなかったのは、『それ（パス）がチームの勝利につながると思って、自信をもってパスをしました。でも、パスミスをしてしまった。次にああいう場面がきたときに、パスを通せる技術を上げないといけないと思いました』ということ。パスした選択は僕のなかでは決して間違いじゃなかった」

浅野があの出来事を消化できたことには理由があった。

ボスニア戦のあと、我を見失ったままチームバスに乗り込んだ浅野の下に1通のメールが届いた。送り主は内田篤人だった。

「自分が選択をしたことで、ちゃんと見えてパスを出したんだから、嘘でもいいから『後悔した』なんて言うな」

この文章を読んだとき、浅野の心は大きく揺さぶられた。自分の愚かさを嘆くとともに、内田の偉大さを一瞬にして感じとったという。

「吹田スタジアムからホテルに帰るバスの中でメールを見て、僕はさらに後悔したんです。ああ、俺は言ってはいけない言葉を言ってしまったんだと」

再び目から涙があふれてきた。

「そのメールでグッときたのが、『後悔するな』ではなくて、『嘘でもいいから、後悔したなんて言うな』ということ。自分のなかでたとえ後悔をしていたとしても、嘘でもいいからそれを口にしてはいけない。僕に伝えたかった代表での心構えすべてを感じたんです。このメール1通だけで、『代表でやっていくうえで、これくらいの気持ちが大事なんだ』と、自分のメンタルが強くなった気がしました。篤人さんは僕なんか比にならないくらいのプレッシャーを感じながらやっていると思う。慰めてもらっている気分ではなくて、目の前に先輩のでっかい背中が見えた気がしました」

　これまで日本代表で数多くの栄光と挫折を積み重ねてきた内田に、〝代表とは何か〟、〝代表選手とは何たるものか〟をたった一言で教えてもらった。

「涙が止まらなかったけど、そのとき、『ここで落ち込んでいる暇はないな』とパッと切り替わったんです」

　内田のメールにはさらに続きがあった。

「俺も早く怪我を治して、一緒にお前とプレーできるように頑張るから」

　この言葉にも浅野の心は震えた。

「『どれだけこの人、でかい人間なんだ』と思いましたね。ひとりバスの中で鳥肌が立って、さらに涙を流しながら感動していました」

　それ以降、浅野のメンタリティーは大きく変化した。シュトゥットガルトでも代表でも、たとえノーゴールでもミックスゾーンでは気丈に振る舞うようになった。

　この出来事から約1年後の2017年8月31日、彼は日本中に大きなインパクトを残すことになる。

ＦＩＦＡワールドカップ２０１８ロシアのアジア最終予選である日本対オーストラリア。ホームの埼玉スタジアム２００２で行われたこの一戦は、勝てば日本のロシアワールドカップ出場が決まるという重要な一戦だった。

５万９４９２人の超満員に膨れ上がったスタジアムを、歓喜の渦に巻き込んだのが浅野だった。

22歳の若いストライカーだった浅野は、この緊迫した試合でスタメン出場を果たすと、０－０で迎えた41分にヒーローとなる。

左サイドで縦パスを受けた長友佑都のクロスを、左足で流し込むようにゴール右隅にボールを沈めた。

地響きのような歓声が鳴り響くスタンドに向かって、定番のゴールパフォーマンスになった、渾身のジャガーポーズを披露した。

この一撃は、試合を決める決勝弾となった。82分に追加点を挙げ、２－０の勝利。チームをロシアワールドカップに導いた。

しかし、翌年5月31日のロシアワールドカップのメンバー発表で、彼は大きな悔しさを味わうことになる。

本大会に挑む23名のリストのなかに彼の名前はなかったのだ。

６月の本大会では、ロシアの地で快進撃を見せた日本代表をサポートメンバーとしてスタンドから見つめていた。

２－０からの逆転負けを喫したラウンド16のベルギー戦もスタンドから見つめ、敗戦の悔しさと自分がこのピッチに立てなかった悔しさの両方を味わうこととなった。

自らのゴールでロシアへの切符をつかみ取ったはずなのに、自分はロシアのピッチに立てず、かつて一緒に戦っていた仲間の姿をただ見つめることしかできない。

落選してからも、自身が決めたゴールシーンがテレビで流される。彼の心境を思うと言葉が出なかった。

だが、彼は〝あきらめの悪い人間〟。どん底に叩き落とされてから、ただで起き上がるはずがない。

「篤人さんのあの言葉を聞いたからには、どんなミスがあっても、どんなに周りに言われたり、自分が納得しなかったりしたとしても、僕が後ろを向くことはない。篤人さんの言葉を無駄にしたくないし、そういう人生を歩んでいきたい」

彼はここからの４年間でこの言葉を有言実行していく。〝巻き返しの４年間〟のスタートは、彼が発したこの言葉からだった。

「次のカタールワールドカップは必ず出場する。もうそれしかないんです。落選したことで、やっぱりA代表は特別な場所だと思ったし、仮にアジア予選で結果を出しても、それは今後の何の保障にもならないことを痛感した。そのときに調子がいい選手が選ばれるものだし、序列なんて一瞬で変わる。でも、それをわかったうえでも絶対に次のワールドカップは出場したい。もう、こんな悔しい思いなんて絶対にしたくない。もう一度積み上げていきますよ、俺は」

言葉に込められた魂は高校時代と変わらない。月日が経っても彼の言葉の力にはいっさい淀みはなかった。

## あきらめの悪い人間

もちろん、現実はそんなに優しくはなかった。

ドイツでは思うように出番をつかめないときもあった。森保監督が日本代表の監督に就任し、代表復帰を果たしたが、その一方で2019年8月には、ドイツからセルビアのパルチザン・ベオグラードへ完全移籍した。

ブンデスリーガのようなメジャーなリーグから一変し、日本にはあまり情報の届かない東欧のリーグへの移籍だ。カタールワールドカップを絶対目標にしている彼にとって、この決断はその目標から遠ざかってしまうリスクを含んでいた。

だが、このときも彼の信念はブレなかったし、カタールワールドカップに出る自分を信じて疑わなかった。彼はベオグラードにいる自分の心境をこう口にしていた。

「もしも、過去の自分の結果に対して、『退化している』『停滞している』と勝手に絶望したら、いまからの目標や夢のスケールが小さくなってしまうと思うんです。マイナスと思われてしまうような状態でも、どうやってより自分に期待ができるか。そこが大事なんです」

周りから見れば失敗だと思われたり、うまくいっていないと思われたりしているかもしれない。そう捉えられかねないことも理解はできている。

だが、それを肝心の本人がそのまま受け止めて、目指せる可能性があるものを自らの手でゼロにしてしまったら、損をするのは周りの人間ではなく、自分自身だということを彼は教えてくれた。

「もしかしたら（カタールワールドカップに）行けない可能性のほうが高いかもしれません。でも、僕は100％行く気やし、家族にも言っている。それは自分に期待していないと言えない言葉なんです。仮に周りから期待されていたとしても、それを意識してしまうと天狗になったり、できなかったときの言い訳になったり、逆に自分に期待をもてなくなる要因にもなる。だからこそ、周りの期待はどうでもよくて、自分が自分にどれだけ期待できているかが、確実に今後の成長につながるんです。いまそこに苦難があるということは、自分のなかでは計画どおりなんです」

苦難は前に進んでいる者の前にのみやってくる。どんな壁にぶち当たっても、それは未来の活力となり、後悔の念は生まれない。

「成果や結果というのは、出せるか出せないのかはそのときになってみないとわからないのですが、そこに至るまでに全力で頑張っている時間で成長は絶対にしている。成果だけに意識を向けるのではなく、自分の成長に対して目を向けるべきなんです」

彼は2020－2021シーズンでリーグ33試合に出場してキャリアハイとなる18ゴールをマーク。チームでエースストライカーとして大車輪の活躍を見せたことで、一度は遠ざかっていた日本代表に復帰すると、2021年6月にドイツ・ブンデスリーガのVfLボーフムに完全移籍。自らの力でドイツ復帰を引き寄せた。

何度も挫折を繰り返しながら、そのたびに這い上がって、絶対目標に近づいていく。カタールワールドカップ直前の9月10日のシャルケ戦で右膝の内側靭帯を断裂し、出場が危ぶまれるという試練が襲いかかっても、彼の精神は不屈だった。

「怪我をしたから出られないと思うのではなく、出られるためにやれることをすべてやる。そのうえで出た結果なら受け入れられるし、後悔はない。僕は絶対に間に合うと信じていた」

まさに〝あきらめの悪い人間〟の真骨頂を発揮したことで、ついに最終メンバーに選出され、初のワールドカップのピッチに立つことができた。

そして、初戦のドイツ戦で、日本国中を震わせる逆転ゴールを突き刺した。

「今日の試合に関してはヒーローになれたと思います。落選した4年前から1日も欠かさず、こういう日を想像して準備してきたので、結果につながったのだと思います。いまこの4年間を振り返っても、『あのとき、ああしておけばよかったな』と思う日は1日もない。僕を信じてくれた人たちのために、何より自分のために準備をしてきましたから」

試合後、浅野は誇らしげに胸を張ってこう答えた。カタールの地で、彼はこれまでの思いを歴史的ゴールというかたちで世に示した。

「自分を信じてくれていた人たちを僕はわかっていましたし、そういう人たちのために感謝の気持ちをもって頑張ることが、自分のためだと思ってやってきたからこそ、それが結果に出て、みなさんの目に焼きつけることができました」

感謝することを当たり前とし、感謝と恩返しをワンセットにしてモチベーションを高めてやり続けることは、これからも変わらないだろう。

〝あきらめの悪い人間〟はこれから先、どんな困難が待ち受けていてもブレない信念でその瞬間を生きて、未来を見つめる。

ドイツ戦のミックスゾーンをあとにする彼の後ろ姿は、とても大きく見えた。

# 第3章

―

# コスタリカとの駆け引き

## 絶対に落とせない相手

日本がドイツに勝った数時間後。コスタリカがスペインに0－7で大敗したことで、「コスタリカならいける」という思いがどこかに生まれてしまったのかもしれない。

もちろん、コスタリカも相当手強い相手という認識はあった。

皮算用すると、ドイツがスペインに勝つと、日本がコスタリカに勝っても、日本が最終戦のスペインに負けて、ドイツがコスタリカに勝てば、勝ち点6で3チームが並ぶ。得失点差ではスペインが突き抜けているため、ドイツと日本のどちらかがグループリーグ敗退を喫してしまう可能性も出てくる。

だから、コスタリカ戦は勝つだけではなく、できるだけ点差を開かせたいという欲が私のなかに生まれていた。

ただ、ドイツ戦を冷静に振り返れば、前半によく日本が耐え忍んだと捉えることができる一方で、前述したとおり、相手のミスに助けられた側面がかなり強かった。

もしも、もっと早い段階で先制点を浴び、前半のうちに追加点も奪われていたら、後半の感動的なドラマはなかったはずだ。

その事実以上に、勝利したことの衝撃と喜びが大きくなってしまい、それが気づかぬうちに私のなかに気の緩みを生み出していたのかもしれない。

迎えたコスタリカ戦。

森保一監督はドイツ戦からスタメン5人を入れ替え、FWの上田綺世《あやせ》を1トップに、MFの相馬勇紀を左サイドハーフ、右サイドバックにはDFの山根視来《みき》を配置する4－3－3で臨んだ。

試合は5バックで強固な守備ブロックを組んでくる相手に対して、日本がボールを支配するという、アジア予選の戦いに近い図式になった。

日本は相手陣内でボールをつなぎながら守備の綻《ほころ》びを突くという展開が長く続いたが、その綻びを入れるかたちをなかなかつくりだせず、自分たちのペースで試合を進めてはいるが、ゴールまで至らないという歯がゆい時間が続いた。

ドイツ戦のハイテンポな展開とは打って変わり、かなりのスローペースのゲームとなった。

ペナルティーエリア付近まではスムーズに侵入できるが、そこから先のプレーのアイデアやプレー精度が足りず、決定的なシーンをつくりきれない。それどころか、単純なパスミスやトラップミスが目立ち、カウンターを真っ向から受けてしまうなど、リズムをつかみきれないシーンも多かった。

攻めているようで攻めきれない。押し込んでいるようで結果につながっていない。

一見、優勢だが、前半のスタッツを見ると、ボール保持率でコスタリカが58%、日本が42%、シュート数もコスタリカの3本に対して日本は2本と、試合の印象とは裏腹に、日本が圧倒していたわけではなかった。裏を返せば、コスタリカはそれだけの力をもっていた。

パスをつないでいるようで相手につながされている。そして、自滅に近いプレーでリズムを失う。

コスタリカは守備から攻撃の切り替えが早く、カウンターの質も高いため、体力を消耗させられてしまう。徐々に嫌な空気が日本チームに立ち込めていった。

この嫌な展開は、後半に入ってからも続いた。

森保監督は左サイドバックの長友に代えて、期待の長身レフティーである、23歳の

DF伊藤洋輝《ひろき》を投入。起点になりきれなかった上田に代えて浅野拓磨も投入した。62分、森保監督は山根に代えて三笘薫を投入し、66分には堂安律に代えて伊東純也を投入するが、それでもなかなか打開策が見出せない。

スタジアム全体に嫌な雰囲気が漂っていた81分、もっとも恐れていた展開になる。右サイドでケイセル・フレールのバックパスを受けたFWのジョエル・キャンベルのトラップが大きくなったが、前にいた三笘の出足は鈍っていた。

キャンベルはもうワンタッチして、遅れて寄せてきた三笘と入れ替わる。

この時点でも、日本は守備の枚数が足りており、何ら問題ないシーンのように見えた。しかし、全体のプレスが甘くて時間ができたキャンベルから、フォローに入ってきたMFのセルソ・ボルヘスに横パスを通されると、取り囲んでいた4人の日本選手の足が再び止まってしまった。

「まずい！」

私は嫌な予感が全身を走った。

ボルヘスは前の状況をよく見て、サイドのスペースへ裏抜けを狙ったフレールに、浮き球の縦パスを送り込む。

このパスにいち早く反応した伊藤は、後ろ向きの状態だった吉田にヘッドでパスする選択をした。

しかし、バックステップを踏みながらのヘッドの威力は弱く、緩やかな速度で吉田のもとに。コスタリカのMFブランドン・アギレラがプレスに来ている状況下で、吉田は難しい選択を迫られることになってしまった。

前に大きくクリアをするのか、タッチラインに一度出すのか、それともつなぐのか。もし、一度足元にボールを止めてからこの判断をすると、プレスに来ている相手に奪われ、そのままGKと1対1になるリスクもあった状況だけに、吉田は少し躊躇《ちゅうちょ》したように見えた。

吉田が下した決断は、右足アウトサイドでこちらも後ろ向きの状態だった守田英正へダイレクトパスをすることだった。

しかし、パスが弱いうえに大きくずれてしまったために、守田は必死に足を伸ばすものの、触れるのが精一杯だった。

守田が触れたボールは、MFイェルツィン・テヘダに渡り、中に入ってきたフレールにパスを通される。

フレールに、日本は誰もマークに行っていなかった。しかも、吉田と板倉滉《こう》はラインをステイさせる一方で、伊藤はオフサイドトラップを狙ってラインを上げてしまったために、吉田と伊藤の間に大きなスペースが生まれ、そこにフレールに入り込まれてしまったのだった。

足元でボールを受けたフレールに対し、吉田が必死で足を伸ばしてシュートブロックに入るも、シュートが足に当たってコースが変わり、GK権田の指先にわずかに触れながらも、ボールはそのままゴールに吸い込まれていった。

恐れていた事態が起こってしまった。ただの失点ではない、勝たなければいけないと位置付けていた試合での終盤の失点。

恐れていた、もっとも見たくなかった事態が、目の前で起ころうとしている。悲壮感に満ちた雰囲気がピッチ、日本サポーターがいるスタンド、そして記者席を包んだ。

本当に重かった。先制されたならばドイツ戦のように同点、逆転という機運が生まれるが、正直このときは生まれなかった。

後ろからロングボールを前線に送り込んで攻撃の圧力を強めようとするが、前線にいるのは収めるタイプのFWではない浅野だ。そのミスマッチもあって、日本の攻撃の組み立ての狙いが噛み合わない。

それでも、三笘に渡ったときは、可能性を感じた。

88分、左サイドでボールを受けた三笘は、寄せてきたフレールに細かいダブルタッチで牽制を入れると、一瞬ストップして相手の重心を崩してから、右インフロントでボールを引っ掛けながら前に出して一気に加速。

フレールを振り切ると、今度は右アウトサイドで中に加速をして、素早く中央の鎌田大地へマイナスの折り返しを入れた。しかし、鎌田のシュートはGKケイラー・ナバスのビッグセーブに遭い、ゴールには至らなかった。

後半アディショナルタイム2分、三笘は左サイドでフレールに対し、今度は縦に行くと見せかけて内側へ重心移動して、鮮やかなダブルタッチでかわして置き去りに。カバーにきたDFもかわしてペナルティーエリア内に侵入すると、マイナスの折り返しを入れた。しかし、これは相手のDFに引っかかってクリアされてしまい万事休す。

試合はそのまま残りのアディショナルタイムを消化し、0－1でタイムアップ。ピッチ上の選手たち同様に、思わず天を見上げてしまった。

## 敗戦時こそ問われる姿勢

言葉が出なかった。コスタリカは洗練されたいいチームだった。だが、それを差し引いても、この結果は受け入れがたかった。

「どうしたんだ、日本？　この間と全然違うじゃないか」

記者席から出たとき、ほかの国の記者にこう言われた。実はハーフタイムにトイレに行ったときも、メキシコ人の記者から、

「日本を楽しみにしてきたのに、もう寝てしまいそうだぞ」

と言われていた。正直、どの言葉にも反論できなかった。まさに、そのとおりだと思った。

試合後のミックスゾーンにも、非常に重苦しい雰囲気が漂っていた。選手たちの表情も一様に暗い。吉田も口を真一文字に結んだ状態でミックスゾーンにやってきた。

「前半からもっと強くいかないといけなかったし、そういう話をした。後半はシステムを変えて単調になっていた部分から変化を加えましたが、それでも相手のブロックを崩せなかった。ブロックをつくられてつなぐことはできても、真ん中を閉められて

難しくなってしまった。ドイツ戦からこの試合が難しくなることは間違いないと思っていましたし、そこに向けて準備をしてきましたが、これがサッカーの難しさだと感じました。いちばん起きてはいけない展開を起こしてしまった」

全員が全力で勝利に向かってやっていたはずだ。だが、そういっても、正直なかなかその気概が伝わらないゲーム内容だった。

ただ、このやりとりで、希望を感じることはできた。それは、このショッキングな敗戦から目を背けず、しっかりと受け入れて次に向かおうとしている意思の強さを感じることができたからだ。吉田はこう続けていた。

「ただ、スペイン戦に向けてリカバリーをして準備を進めていきたい。まだ何も終わっていないし、何もつかみ取っていないし、何も失っていない。（この敗戦で）たくさんの批判が起こることは理解していますが、個人的にも日本代表としても、こういう大きな大会、注目を集める大会で批判はつきもの。それをマネジメントできなければこの舞台に立てていないと思うので、僕らはもう一度立ち上がらないといけない。自信と勇気をもってやらないといけない。ここですべてを投げ出すのは早すぎる」

その強い意志は、吉田だけではなかった。

堂安も、ミックスゾーンにやってきたときはさすがにショックを隠しきれない様子だったが、話し始めると落ち着いてきたのか、だんだんと目にいつもの力が宿っていくように見えた。

「コスタリカ戦だけで、僕らが積み上げてきたものがゼロになるわけじゃない。もう一度、自分たちをどこまで信じられるかが重要。正直、この状況で自分を信じて自信をもってプレーすることっていちばん難しいことだと思うんです。でも、それをやらないといけない。気合いと根性という話になりますが、気合いを見せることは大事。最近、戦術、戦術という言葉が流行りがちですけど、ベースになるのがそこだと思います。強いメンタリティーは代表には必要で、自分たちを信じるべきだと思います」

最後はいつもの鋭い目つきに戻ってミックスゾーンをあとにした。

この2人の決意あふれる言葉を聞いて、私もハッとさせられた。

誰にでもミスはある。たしかにこの試合は全体が噛み合わず、吉田の言葉どおり、「いちばん起きてはいけない展開」となってしまったが、彼が言うようにまだ何も失ってはいない。

ミスを取り返すことができるチャンスがまだ残っている以上、ここで終わりのような空気ではいけない。長いライター生活で選手たちから学ぶこと、気づかされることは多々あるが、まさに、このミックスゾーンでもそこに気づかされた。

この試合でワールドカップデビューを飾ったのが、FWの上田綺世《あやせ》だった。思うようなパフォーマンスが出せずに、途中交代で終わったが、彼には日本サッカー界を担えるだけの大きな可能性があると思っている。

高さと強さと速さ、そしてうまさもある上田は、多彩なゴールパターンをもっており、鹿島学園高校、法政大学、そして鹿島アントラーズでストライカーとして着実に成長してきた。法政大学時代、彼はこう言っていた。

「僕の武器は点を取ることなのですが、人間的な部分で吸収力というものを武器にしていて、〝1回の経験〟でどれだけのものを学び、生かせるかを重要視しています。たとえば、ライバルの選手がいたら、その選手の特徴を分析して、自分に足りない部分を補えるか。代表や所属チームにおいて、常に自分に何ができて、何ができなかったのか。ほかの選手はどうだったのか。いつも自分にベクトルを向けて考えるようにしています。いかに自分を知ることができるかが、サッカー選手として問われる質だと思っています」

決して自分の才能に頼ったり、驕《おご》ったりすることなく、冷静に周りを見て自己分析をして吸収してきたからこそ、現在の地位までたどり着くことができた。

コスタリカ戦後のミックスゾーンで、上田はこう話した。

「ボールを収めるということは求められていたし、もっと求めていかないといけない。マイボールの時間を増やしていくこともＦＷの仕事だと思った」

彼は冷静に自分の足りない部分を見つけ出していた。

たしかに、コスタリカ戦では、ボールを収めて前線で起点をつくるというチームのタスクを担いきれなかった。

「緊張はありましたが、緊張感のあるなかで活躍をしたかったというのは、もちろんあります」

夢に見ていた大舞台で自分を表現しきれず、無念の想いがにじみ出ていた。

だが、これを経験することと、しないことでは雲泥の差なのは明らかだ。

彼が得た〝1回の経験〟。きちんと自己分析ができ、具体的な解決方法を考えられる彼であれば、必ずこれからの成長の起爆剤になるはずだ。その期待感は、ここで記しておきたかった。

## 感情のジェットコースター

かくして、日本は1勝1敗の成績でスペインとの最終戦に臨むことになった。

スペインに勝てばいい。そう思う一方で、この日の帰り道は、ふとこの負けが頭に浮かんで落ち込む自分がいた。

勝負に〝たら・れば〟はないが、どうしても「あの三笘の折り返しに誰か飛び込んでいたら」とか、「最低でも勝ち点1は取っていれば」という思いが頭に浮かんだ。

この日は、2試合の取材を予定していた。13時キックオフのコスタリカ戦と、22時キックオフのドイツ対スペインの一戦だ。

非常に重い足取りでアフメド・ビン・アリー・スタジアムからメディアバスに乗り込んで、一度、メインメディアセンターに戻り、そこから再びメディアバスでアル・バイト・スタジアムに向かった。

ただ、この試合はサッカージャーナリストとしてどうしても見たい一戦だった。

それは、日本にも影響を与える同一グループの試合だからという理由だけではなかった。

ドイツ対スペインは、グループリーグ全体を見ても、ビッグカードであり、技術と戦術がぶつかり合う最高のエンターテインメントになると予期していたからだ。

試合を見るだけならば、カタールのテレビで生放送をするし、インターネット配信であれば日本語の実況、解説で見ることができる。

1日2試合の取材は楽しいが、そのぶん、疲労度も相当激しい。ましてや、最初の試合が日本戦であれば取材や原稿書きが重なってさらに消耗度も上がるのに、コスタリカに敗れるというショックまで重なっている。

取材申請を当日キャンセルして、アパートメントでゆっくり見ることも十分に可能だった。だが、純粋なサッカー人としての気持ちが勝った。

「この試合を現場で観なかったら後悔する」

そう思い、スタジアムに向かっていた。

アル・バイト・スタジアムに着いたときには、ドイツが勝てばどうとか、引き分けたらどうとか、変な皮算用をするのではなく、純粋な気持ちでこの好カードを楽しもうというマインドに切り替わっていた。

実際、この試合は実にハイレベル、息をもつかせぬ好ゲームとなった。

お互いがビルドアップを得意とし、テンポのいいパスワークから攻撃を構築していく。随所に質の高い攻防が繰り広げられ、スコアも1対1と痛み分けだった。

どちらが勝ってもおかしくはなかったし、あらためて両者が世界トップクラスの実力を有するチームだと感じた。

これで、グループEは、スペインが勝ち点4、日本とコスタリカが勝ち点3、ドイツが勝ち点1という状態になった。

つまり、グループ最終戦のスペイン戦で負けたら敗退、引き分けでも同日同時刻に別会場で行われるコスタリカ対ドイツの結果次第では敗退が決まる可能性もある。

逆にいえば、日本がスペインに勝てば、コスタリカ対ドイツの結果にかかわらず、グループリーグ突破が決まる。

シンプルにスペインに勝てばいい。ドイツ対スペインのミックスゾーンで選手たちの取材をしながら、そう気持ちを整理した。

スペインの選手たちは日本に対して、

「ドイツに勝利している侮れないチーム」

と口にしていた。ユニフォーム姿でミックスゾーンに現れたスペインのロドリも、

「難しい試合になることは間違いないが、勝つために最善を尽くしたい。われわれが気を抜くことはない」

とコメントした。勝ち点4を積み重ね、得失点差でも優位に立つが、そこには油断はいっさいないことを感じた。

この日、アル・バイト・スタジアムをあとにしたのは深夜2時だった。アパートメントのメインメディアセンターに戻ったころには3時を過ぎてしまい、アパートメント近くまで行くメディアバスはもう動いておらず、タクシーを呼んで帰宅。アパートメントに着いたころには、すでに4時前という状況だった。

疲れ果ててすぐにシャワーを浴びて寝ようとするが、コスタリカ戦の悔しさがふつふつと湧き上がってきてなかなか眠れない。

なんとか7時過ぎには眠りについたが、大きな疲労感が残った長い1日だった。

ここから選手たちはミックスゾーンでの言葉どおり、スペイン戦に向けて100%の準備を進めるのだろうが、ドイツ戦後とコスタリカ戦後の日本からの反応は雲泥の差だった。

祝福の連絡も届いたドイツ戦と打って変わって、コスタリカ戦後のスマートフォンは水を打ったかのように静かだった。

「せっかく日本で巻き起こったワールドカップブームが、一瞬にして終わってしまったんじゃないか」

一抹の不安があった。実際の仕事でも、「ワールドカップ特需がきた！」と思っていた矢先に、一気にフェードアウトしていく気持ちになった。

気持ちの浮き沈みが激しい自分に、正直驚き、とまどった。

ワールドカップを何度も取材している仲間のライターに、

「これがワールドカップだよ。こういう気持ちを味わえるのもワールドカップだよ」と言われ、たしかにテレビで見ているだけではわからない、独特の雰囲気と感覚があると感じた。

そもそも感情のジェットコースターを味わえるのも、選手たちが最高峰の舞台に立って戦ってくれているからこそだ。

試合の翌日にコスタリカ戦を見返したときも、解説の本田圭佑の一言にあらためてハッとさせられた。

「下馬評では予選敗退だったので、べつにこの状況を勝手に僕らが期待して、勝手にガッカリしているだけ」

次はスペイン戦という事実は変わらない。

そう思うと、私にできることは彼らの戦いを全身全霊で取材するのみだ。不完全燃焼では終わりたくない。それはもちろん選手たちがいちばん思っていることだが、われわれメディアも、この気持ちは一緒だった。

スペイン戦で勝てばいい。勝ってもう一度、日本のサッカー熱に火をつけてほしい。気持ちを高めながら、スペイン戦の日を迎えた。

# 第4章

—

# 金髪のビッグマウス

## イ・スンウの背中

「逆境大好き人間ですから、僕は。もちろん、最高の状況だと思っています」

これは、スペイン戦の前に堂安律が発した言葉だ。

〝逆境大好き人間〟。

自分がうまくいかないときほど、自分より上の人間を目の当たりにしたときほど、彼はふてくされたり、ネガティブな気持ちになったりするのではなく、

「まだまだ、やらなきゃあかんことが多いな」

と、その目を輝かせる。ガンバ大阪の下部組織で育った彼は、当時から周囲とは雰囲気が異なる存在だった。

表情からにじみ出る負けん気の強さ。

２０１４年のＵ－16日本代表の活動でずっと密着していたが、彼の醸し出す雰囲気は個人的に大好きだった。

練習中も率先して声を出し、仲間を盛り上げる一方で、紅白戦になると鋭い目つきで獰猛《どうもう》になる。激しい球際と、試合中でもよく声を上げてコミュニケーションをとる

彼の姿は印象に残っている。

当時の彼は、吉武博文監督に左利きを買われて、左サイドバックでプレーしていた。攻撃が大好きな選手だっただけに、最初はかなりとまどっているように見えた。取材をすると堂安は、

「前をやりたい気持ちは、当然あります」

と、もどかしさを感じているのが伝わった。だが、彼はいざピッチに立つと何とかしようと考え、工夫できる選手だった。

「攻め上がればFWのようになれるし、逆にいちばん後ろで全体が見やすいので、ここで何かをつかめたら今後に生きると思います」

そうポジティブに捉えていた。左サイドバックをやっている状況も自分の逆境と捉え、そこでどう対応できるか、どう成長につなげられるかを考えていたのだ。

当時、U－16日本代表のコーチを務めていた、森山佳郎氏がこう話していた。

「律が僕のところに来て『何で前ができないのですか?』と聞いてきた。でも、彼がふてくされることはいっさいなかった。『何くそ』と思って、自分を奮い立たせることができる選手だった」

彼のなかでは、「前をやれないのは嫌だけど、自分がサイドバックをできないと思われるのはもっと嫌」という気持ちがあったのかもしれない。

とまどいながらも、誰よりも強度の高いスプリントを繰り返し、高い位置でボールを受けたら迷わず仕掛ける。そして、奪われたらすぐに守備に戻る姿を見て、ただのうまい選手、ただの強気な選手ではないことを確信した。

「俺が目指しているのはもっともっと上。いまできているからいいのではなく、もっと力強くならないといけないんです」

彼は高校1年生の段階で、こうはっきりと口にしていた。

このとき、彼はU－16日本代表としてバンコクで開催されたAFCU－16選手権に、冨安健洋、田中碧《あお》らとともに出場していた。

ここで彼は一度叩きのめされている。

グループリーグで苦戦を強いられたU－16日本代表は、何とか決勝トーナメントに出場することができたが、U－17ワールドカップ出場権がかかった準々決勝で、優勝候補のU－16韓国代表と対戦。

韓国には、のちに2018年のロシアワールドカップで、韓国代表の最年少選手として出場した絶対的エースのイ・スンウという選手がいた。

当時、彼はFCバルセロナの下部組織に所属しており、アジアにおいてこの世代では飛び抜けた存在だった。

前半、そのイ・スンウに先制点を決められると、後半開始早々にハーフウェーライン手前からドリブルで50メートルの独走を許し、GKもかわされて無人のゴールに決定的な追加点を決められてしまった。

この試合、堂安も左サイドバックでスタメン出場していたが、2点目のシーンはすさまじいイ・スンウのドリブルを、ただ見つめることしかできなかった。

試合は0-2の敗戦。スコア以上に、内容においても完全に相手に飲み込まれた完敗であった。これにより、日本は4大会連続で得ていたU-17ワールドカップの切符を逃すこととなってしまった。

堂安にとって、U-17ワールドカップは何よりも楽しみにしていた大会だった。取材に行くたびに、目を輝かせてこう言っていた。

「U-17ワールドカップで同年代の世界レベルの選手たちと真っ向勝負がしたいんです」

あるとき、彼が世界のサッカーへの思いを語ったことがあった。

「僕は早く海外に行って揉まれたいんです。いくら日本で褒められても、海外、とくにヨーロッパの同年代の選手は自分以上の経験を毎日積んでいる。こうしている間にも差は開いているかもしれない。うかうかしていられないんです。だから、僕はどんな試合でも満足しないんです」

一点の曇りもない純粋な思いだった。中学や高校で世界を夢見る選手はたくさんいるし、多くの選手が「早く海外に行きたい」と言う。だが、それをどこまで本気で捉え、なりふり構わず自分の夢として抱き続けられるか。さらに抱きっぱなしではなく、「そのためにはどうするべきか」と考えられるか。

それはサッカー選手としてだけではなく、より高いレベルで戦える人間になるために必要不可欠なこと。堂安はすでにそれをもっていた。

それだけにU－17ワールドカップ出場権を得られなかったのは、彼のそのときの人生プランを揺るがすようなショッキングな出来事であった。

「本当に悔しい。何が何でもU－17ワールドカップに出たかった。いま、どうしていいかわかりません。でも……本当に彼（イ・スンウ）はすさまじかった。絶対に早く海外に行って彼を倒したい。絶対にこのまま終わりたくないんです。本当に何もできなかった自分に腹が立ちます」

韓国戦後、彼は目を真っ赤にしてこう口にしていた。惜しかった、運がなかったではなく、完全に実力で上回られての敗戦。だが、ここから彼のぎらつきはさらに増していった。

## 熱いプレーと冷静な分析力

高校2年生でトップ昇格をしたときも、そこからJ1でなかなか出場機会をつかめず、年代別の代表活動が実戦経験の場になってしまったときも、

「自分はこんなもんじゃないんです。だからこそ、気持ちを落としている暇は僕にはない。どんなにプレーがうまくいかないときがあっても、『周りに負けていられへん』という気持ちは、正直、誰にも負けないと思う。それが僕の自信なんです」

そう言っていたように、向上心を失わなかった。その一方で、

「自分で直感的に感じる身体のキレとか、やっていて『何か足りひん』と思ったとき

は、それに徹底して向き合うようにしています。サッカーの映像はよく見るし、周りのハイレベルな選手のプレーを客観的に見て、周りの動き方も見直すことで、自分にとって必要な要素が見えてくるんです」

この過程で、彼は多くの自己発見をすることができた。当時の彼はその発見を言葉にして、それが正しい見方なのか、それとも間違っているのか、を考えていた。もしも、間違っているとするならば、どこが間違っていて、どこが正解なのかを知ろうと、多くの人とコミュニケーションを積極的にとっていた。よく彼から、

「俺、こう思うんですけど、どうですかね？」

と聞かれることがあった。そのなかで印象的だったのが、自分のドリブルをどう生かし、どう相手にとって脅威の武器になるのかを真剣に考えていたことだった。

「俺、ドリブルがすごい、ドリブルが武器って言われているけど、それはただひとり、2人をかわしているからだけで、ゴールに直結していない気がするんです。もちろん、ゴールを決めるときもあるけど、シュートを打つまでにドリブルで必要以上にパワーを使いすぎている気がします。いざシュートを打とうとなったときに、足を思ったより振りきれなかったり、疲れていたりします。それを解消して、シュートのときにフ

ルパワーを出せるにはどうしたらいいかを考えているんです」

レベルが上がれば上がるほど、ドリブルでの打開が難しくなっていく。

ＤＦの駆け引きの質や球際への強度、スピードが上がることで、１人目をかわしても２人目、３人目で進路を完全に防がれたり、逆に誘《おび》き出されたりして、奪われることも出てきた。なんとかそこを突破したとしても、フィニッシュに差し掛かるころにはパワーを使い果たしてしまう。

プロでぶち当たった大きな壁だ。

その壁を乗り越えるべく、彼はその答えを自分で見つけ出そうとしていた。それを見つけ出すために、きちんと他人の話に耳を傾けて、その言葉から必要な要素を抽出できることが彼の強みでもあった。

そして、彼は自分なりの答えを導き出していく。

しかも、いきなり一発回答ではなく、徐々に必要なステップを感じて、それを着実にこなすという堅実なやり方だった。

まず、彼が着手したのは、守備の意識改革とフィジカルの見直しだった。

「ハードワークを厭《いと》わないサッカーをやれと言われたときに、『身体が全然動かへん！』って感じて、焦るんです。あと一歩寄せないといけないのに、それが出てこない。連続してプレーできない自分に本当にとまどいました。そんな想いはもうしたくないので、自分をもう一度鍛え直そうと思ったんです」

大好きな攻撃だけでなく、守備面の強化と攻守の切り替えの早さの強化を自分に必要な要素と捉え、黙々とトレーニングを積み重ねた。

必要なフィジカルや体力、そして守備と攻撃のバランスが整っていくなか、彼はさらに武器を生かす工夫を具体的に始めていた。

当時のガンバ大阪には、遠藤保仁《やすひと》、倉田秋《しゅう》、井手口陽介といった尖った武器をもち、かつ組織できちんと力を発揮できる選手たちがいた。

彼らがなぜJ1の舞台でコンスタントに力を発揮できているのか、その秘訣を探っていると、大きなヒントを得ることができた。堂安はこう語った。

「レベルの高い場所で戦うためには、プレッシャーがものすごく速いなかで、効果的なプレーができないといけない。だからこそ、よりシンプルにプレーをしないといけないと思ったんです。シンプルにプレーすることが、いちばん点を取りやすいやり方だと思ったんです」

個で打開ができる選手たちがそればかりに頼らず、周りを生かしながらプレーをしている姿を見て、〝シンプル〟の真の意味に気づいていったのだ。

「これまでの自分は、ただひたすらドリブルをしていた。ボールをもったら多少無理でも仕掛けて、中途半端なところで奪われたり、最後のところで精度が落ちたりしていた。でも、最初からドリブルでパワーを使うのではなく、シンプルに自分よりいい状態にある味方に渡して、最後の最後に自分が怖いところでパワーを維持して入っていく。そのときにボールが返ってくれば、それはドリブルで運んだのと同じことになり、パワーを落とさずにフィニッシュできる。もちろん、自分で行くのも悪いことではないのですが、より点を取るために、最良の方法を選ぶべきだと気づいたんです」

## 逆境大好き人間

２０１７年、彼が18歳から19歳になる過程で、ついにガンバ大阪でブレイクのきっかけをつかんだ。

Ｊ１リーグ第８節の大宮アルディージャ戦で、Ｊ１初ゴールを含む２ゴールをマーク。その4日後のAFCチャンピオンズリーグでのアデレード・ユナイテッド戦でスタメン出場を果たすと、目の覚めるような左足の強烈なミドルシュートを叩き込んでみせた。堂安はブレイクの理由をこう話した。

「ただ速いだけじゃなくて、馬力が出たというか。力強さは身についてきたと思います」

そして、その年の5月、彼はU-20日本代表としてFIFA U-20ワールドカップ（韓国）に出場した。

彼にとって初めてのワールドカップ。このときも、あの悔しさを胸に抱いて、枯渇した状態で臨んでいた。

「あのときの悔しさはいまでも忘れていない。イ・スンウの背中は頭の中にずっと入っている。あの試合があったからこそ、俺も『早く海外に行って彼を倒したい』と本気で思い、海外に行くためには自分が何をすべきかをずっと考えながらプレーしています。必要なものは爆発的な個の力。イ・スンウのように、ひとりでチームを勝たせてしまう選手になりたいんです。もちろん、自分勝手なプレーではいけませんが、『あいつに渡せば何とかなる』という能力を高めたいし、それを見せられる舞台にしたい」

16歳のときと変わらぬ鋭い目で、そう口にしていた彼は、乾いた気持ちを潤すかのように韓国の地で躍動した。

初戦の南アフリカ戦の前日の表情はいまでも忘れない。

「世界のうまい奴は当たり前のことを当たり前にやる。自分もそれをやるうえで、プラスアルファー、思い切りの良さだったり、スピード、左足を見せたりして、彼らを蹴散らしたいです。緊張とか、不安とか、そういうのはいっさいなくて、もう楽しみでしかないんです。いよいよ明日ですね、その一歩が」

よくビックマウスといわれるが、ただのビッグマウスでないのだ。

攻撃の中心として出場した堂安は、南アフリカ戦で決勝ゴールを叩き込むと、第3戦のイタリア戦では圧巻の２ゴール。グループリーグ突破の原動力となった。

チームはベスト16でベネズエラに延長戦の末に０－１で敗れてしまったが、堂安がグループリーグで見せたインパクトはすさまじかった。

「当時（U－16）の自分を振り返ると、日本を代表する覚悟が足りなかったなと思いますね」

彼は生半可な気持ちでブルーのユニフォームを着ていないのだ。もし、少しでも中途半端な気持ちをもっていたら、代表のユニフォームに袖を通す資格はないと思っている。それはいまもずっと変わらない彼の覚悟と信念になっている。

U-20ワールドカップ直後に、彼はオランダ1部リーグのFCフローニンゲンに期限付き移籍をした。

ついに目標だった海外へ羽ばたくと、ここから自らの力で地位を確保していった。

2018年に完全移籍に切り替わり、さらに、2019年8月から同リーグの名門PSVアイントフォーフェンに完全移籍。

2020年9月にドイツ・ブンデスリーガのアルミニア・ビーレフェルトに期限付き移籍を経て、2022年7月に同リーグのSCフライブルクへ完全移籍。

2021年の東京五輪でも躍動し、A代表にも定着していった。

彼の変わらぬ信念と覚悟と確固たるスタイル。カタールの地でもそれが結果となって表れた。世界に与えた強烈なインパクトとともに。

ドイツ戦の同点弾でヒーローとなった彼の目はスペイン戦にむけて、よりギラついていた。

勝たないといけないスペイン戦。このシチュエーションに堂安が燃えないわけがなかった。しかも、スペインは東京五輪の準決勝で敗れている相手。リベンジに燃えているかどうか聞かれたときに、彼はこう答えた。

「マインドセット的には（個人的な感情を）もちこんではいけない。もちこんで試合をすることで冷静さを失ってしまってはいけないと思います。ただ、自分の性格上は少しでもその情報が頭にあったほうが、イライラをエネルギーにすることができる。あの屈辱、くやしさ、怒りをもってやったほうがいいと思います」

そして、このあとに、冒頭の「逆境大好き人間ですから」という言葉を発したのだった。

スペイン戦に向けて、堂安の心は燃えたぎっていた。

# 第5章
―
# 無敵艦隊との一戦

## 越えなくてはいけない壁

世紀の一戦の会場は、ハリーファ国際スタジアムだった。

今大会ではドイツ戦で勝利した場所であり、2011年に開催されたアジアカップで決勝戦を戦い、優勝を果たした日本代表にとっては縁起のいいスタジアム。

このスタジアムは私たちが滞在していたアパートメントからいちばん近く、地下鉄に乗って3駅で着くという非常にありがたいスタジアムであった。

カタールの時間で22時キックオフ。カタールは徐々に季節が真冬に変わりつつある時期で、陽が落ちる時間も日本とあまり変わらない。陽が落ちると気温も下がり、長袖の服を常に身にまとっていた。

私はクロアチア対ベルギーの試合をアハマド・ビン・アリー・スタジアムで取材をしてから、ハリーファ国際スタジアムに地下鉄で向った。

スタジアムに着くと、ドイツ戦やコスタリカ戦は、どちらかというとお祭り色が濃いように感じたが、この日は雰囲気が違った。そこにはどこか緊張感があった。

それは、多くの日本サポーターがこの試合の意味を知っているからだろう。無敵艦隊と呼ばれる、スペイン代表という大きな壁を超えない限り、その先の景色は見えないということを。

スペインは引き分け以上でグループリーグ突破が決まる。

ドイツ戦からスタメン５人を入れ替えてきたスペインは、試合開始とともに、ボールを動かしながら日本の出方を見てきた。

ゆっくりとした立ち上がり。スペインのパス回しに対して、日本は３バックを中心に守備ブロックを構えて中央を破らせないようにしながらも、ＦＷ前田大然《だいぜん》のスプリントを生かして高い位置でボールを奪ってカウンターという明確な狙いをもっていた。

ドイツ戦、コスタリカ戦と比べても試合の入りは悪くなかった。

しかし、その思いとは裏腹に、11分にあっさりと失点を許してしまった。

右サイドでボールをもたれると、ＤＦセサル・アスピリクエタのクロスを、ＦＷアルバロ・モラタがヘディングでゴールに突き刺した。

このシュートは、ちょうど座っていた記者席サイドでの展開だった。右からきれいなクロスが上がり、うまくスペースに入りこまれて、なす術なくヘッドを決められた。

勝つしかない試合でいきなりの失点。しかし、ドイツ戦ほどの絶望感はなかった。

たしかに、マークミスによる失点だったが、日本のここからのリバウンドメンタリティーが素晴らしかった。

ドイツ戦での成功体験が大きかったのか、これ以上の失点は絶対にせず、隙あらば同点ゴールを狙う。理想をいえば1－1で、最低でも1点差で前半を折り返して後半勝負にかける。この狙いをピッチ上にいた全員が共有しているように見えた。

十分に巻き返せる。その雰囲気をピッチから感じとることができた。

それでもスペインは、アンカーのセルヒオ・ブスケツの巧みな長短のパスから、20歳のペドリと18歳のガビのインサイドハーフが日本のブロックの隙間を狙って飛び込んでいく。

サイドのダニ・オルモ、ニコ・ウィリアムズも中と外の動きを織り交ぜながら、パスコースをつくりだして日本を容赦なく揺さぶりにかかる。

記者席から見ても、スペインが彼らにかけてくる圧力の強さを感じた。日本が必死に耐える姿を、私はボールペンを片手にじっと見つめていた。

ただ、スペインも圧倒的なポゼッションで主導権を握っているにもかかわらず、日本陣内深くまでボールを運んでも、そこからのラストパスの精度や個人の打開力が足りず、日本が肝を冷やすようなシーンがあまりなかった。

それだけ日本の守備が最後のところで綻びを見せなかったというポジティブな部分があった。

その一方で、引き分けでも突破が決まるスペインが、早い段階で1点をリードしたことにより、ボールを保持しながらもあまり無理に攻めなくてもいいというシチュエーションに助けられている部分もあった。

最低限の結果である1点差で後半を迎えることができた。勝負の後半、森保監督は久保建英に代えて堂安律を、長友佑都に代えて三笘薫を投入。

この采配はすぐに的中する。

48分、日本の前線からの高速プレスが炸裂した。ＤＦのパウ・トーレスからＧＫウナイ・シモンにバックパスが出され、シモンがトラップした瞬間に、前田が猛スピードでプレスをかけにいった。

これが日本の号砲となった。

このプレスをかわすべく、ＧＫシモンは右にいたＤＦロドリへ横パスをする。だが、すかさず鎌田大地がコースを切ってプレスをしたことで、さらに、右にいたＤＦダニエル・カルバハルへ横パスを出さざるをえなかった。

これにより日本は、スペインを左タッチラインまで追い込んだ。三笘がトップスピードでカルバハルへ猛プレスを仕掛け、さらに鎌田も背後からプレスに行った。挟み込まれたカルバハルは、たまらずロドリへバックパス。

ここで三笘がギュンと方向を変えた。スピードをそのままにロドリに向かって二度追いをしたことで、ロドリは前に出すことができずにGKシモンへ戻さざるをえなかった。

このパスを狙っていたのが、ファーストディフェンスとなった前田だった。前田は再びシモンへ猛プレスを仕掛け、トラップした瞬間にさらに加速してボールを奪いにいった。

フォローに来たパウ・トーレスにも堂安がプレスに行こうとしているのを確認したGKシモンは、あわてて逆サイドのタッチライン沿いにいたDFアレハンドロ・バルデに向かって浮き球のパスを選択。この時点でスペインのビルドアップは完全に崩れていた。

バルデの左足トラップが浮いた瞬間、自分のマークを捨ててまで猛スピードでプレスに来ていた伊東が、ヘッドでカットすべくジャンプ。伊東が競り勝つかたちで前にヘッドをすると、その先には堂安が待ち構えていた。

堂安はあわてて飛び込んできたペドリよりも先に落下地点に入ると、左足アウトサイドの柔らかなトラップでボールの勢いを消し、ペドリの逆かつ自分の武器である左足の強シュートが打てる場所まで、ワンタッチでボールを運んだ。

このシーンを記者席から見たとき、一瞬にして堂安の周りに誰もいない状態になった。この位置は右斜め45度。左利きの選手にとっては最高のシュートレンジで、これまで彼はこの位置から何度も決めている。

ゴールまでの道筋が見えた。

「シュートのときにフルパワーを出せるにはどうしたらいいかを考えているんです」

こう話していた、かつての自分自身に、一発回答する瞬間がやってきた。

「ここしかない！　打て!!」

と私は心の中で叫んだが、堂安は、

「そんなことはわかっているよ」

と言わんばかりに、フルスイングで左足一閃。

ブロックに入ったパウ・トーレスの横を通過してニアサイドへ一直線に飛んでいったボールは、ＧＫシモンの手を弾き飛ばすかたちでゴール右隅に突き刺さった。すさまじいまでの歓声が上がり、ピッチで喜びを爆発させる選手たち。私もドイツ戦同様に大きなガッツポーズをしていた。

「これが日本だ！」

そう言わんばかりに、日本サポーターも叫び、喜びを全身で爆発させる。周りのどちらのサポーターでもない観客も座席から立ち上がってガッツポーズをしたり、頭を抱えたりしながら叫んでいる。

このゴールで明らかに、また日本が大金星をつかむ可能性が出てきたという期待感を、サポーターや観客の雰囲気から感じとれた。

逆転への機運は高まった。

すると、歓喜の瞬間はすぐにやってきた。同点弾からわずか3分後、あの〝伝説のシーン〟が起こったのだ。

同点に追いつかれて浮き足立っていたスペインに生まれた隙を、全員が見逃さなかった。

左サイド自陣で相手のオフサイドによりＦＫをもらうと、ＧＫ権田が右サイドタッチライン沿いに張り出した伊東へロングキックを送り込んだ。

伊東はバックステップを踏みながら、寄せてきたダニ・オルモの動きをよく見て落ち側を右足インサイドでトラップしながら切り返す。

その瞬間、伊東に対して並行に寄ってきた堂安が、スッと縦のスペースに抜けた。それでできた中央右のスペースに後方から田中が走り込んでくる。

伊東はボールをツータッチでコントロールして、右足アウトサイドで斜め前に走り出した田中へパスをすると、パスを受けた田中はペナルティーエリア右角でフリーになった堂安の足元にパスを送った。

チャンスと見た選手たちは、いっせいにゴール前のスペースに走り込む。

すると、堂安はボールをまたぎながら、縦に仕掛けると見せかけて、右足でグラウンダーの速いクロスを相手ＧＫとＤＦの間に送り込んだ。

クロスはゴール前を横切り、左の枠外へ一直線に向かっていった。そこにトップスピードから前田が滑りこむも届かず。

「ラインを割ってしまうのか……」

と思った瞬間、前田の背後にひとつの影が。

大外から猛スピードで駆け上がってきた三笘だった。

気づいたときには、三笘はすでにスライディングの体勢に入っていた。そして、ゴールラインギリギリのところで左インフロントにボールを当てて、中央に折り返した。

「あ、出た！」

正直、この瞬間、私はボールが完全にラインを割ったと思った。それでも中央に飛びこんでくる田中の姿が見えた。

ゴールカバーに来た相手ＤＦ２人の足が止まるなかで、唯一、止まらなかった田中が折り返しを右膝で押し込んでゴールネットを揺らした。

ゴールか、ノーゴールか。審議はＶＡＲに委ねられた。

スタジアムはざわついていた。だが、大半の人間がアウト・オブ・ボールでノーゴールだと思っていたはずだ。

実際にリプレー動画がスタジアムのオーロラビジョンにも流れ、ボールが出たと頭を抱える日本サポーターや、安堵の表情を浮かべたり、拍手をしたりするスペインサポーターの姿が多数だった。

肉眼はもちろん、記者席にあるモニターでリプレー動画を見たときも、人間の目ではラインを割っているように見えた。「ノーゴールなのだから早く始めよう」とすら思っていた。

ざわめきのなか、２分半もの時間をかけた確認が終わり、主審がセンターマークを指した。すなわちゴールという判定だ。

「ゴ、ゴール!?　マジか！」

これがリアルなリアクションだった。この判定を受けて、田中は右手を何度も突き上げてベンチに向かって疾走。歓喜の輪ができた。

スタジアムでは歓声とブーイングが入り乱れた。

正直、信じられなかった。この出来事はのちに〝三笘の１ミリ〟と呼ばれ、歴史的なシーンとなるのだが、このときははっきりとわからなかった。

ただいえることは、テクノロジーを駆使した正しい判定が下されたという事実であり、胸を張って逆転ゴールといえる、素晴らしい瞬間でもあった。

このゴールでもっと嬉しかったことは、三笘と田中という、幼なじみの先輩後輩である２人が生みだしたということだ。

## 共鳴し合う幼なじみ

2人は小学校時代から、川崎フロンターレの下部組織で育ち、とても仲が良かった。思い出としてあるのは、彼らが高校生のとき。2人ともまだ線は細かったが、抜群のサッカーセンスをもち、プレーに変化を加えられる選手だった。

田中はボールを触りながら、常に戦況を見つめて次の展開、さらに、その先の展開を探りパスを出してリズムをつくる選手。

三笘は一瞬で加速する高速ドリブルが武器で、途中で判断を変えてコースを変更したり、ボールを運びながらタッチのタイミングを変えたりして、相手を翻弄する選手だった。

川崎フロンターレU-18の試合に行くと、個性の違うこの2人のコンビは面白いほどに好連携を生み出していた。

比較的自由に動く三笘に対し、田中は常に三笘の立ち位置を見てポジションをとっていた。

三笘がパスを受けようとすると、田中はすぐに彼のサポートに入る。三笘がパスの出しどころを探せば、真っ先に視野に入ってボールを受ける。逆に、三笘がドリブルを仕掛けたら、田中はサポートを外してゴール前のチャンスになる場所を探して走っていく。

いつ見てもこの2人の距離感、補完関係が抜群で、まさに息ぴったりのナイスコンビだった。

このコンビをプロでもっと見てみたい。そう思っていたが、三笘が高校を卒業したタイミングで離れ離れになった。三笘は筑波大学に進み、田中は1年後にトップ昇格をしたのだ。

だが、そこから4年の歳月を経て、彼らは再びフロンターレでプロとしてコンビを組み、さらに、いまはワールドカップの大舞台に共に立って、スペインを追い詰める逆転ゴールを奪い取ったのだ。

目の前にはゴールを決めた田中を中心に、喜びを爆発させる選手たちの姿と、ピッチの選手たちに呼応するように、喜びを爆発させる日本サポーター。モニターには大号泣するサポーターの姿が映し出された。

同点、そして逆転ゴールを決めた日本にとっては最高の3分間であり、スペインにとっては最悪の3分間だった。

試合の潮目が明らかに変わった。

## 悲劇から歓喜へ

この試合はグループリーグ最終戦で、同組のほかの試合は同じキックオフ時間で行われていた。

スタジアムのビジョンには、その途中経過を踏まえたグループEの順位表が随時映し出されていたのだが、逆転直後のビジョンには、日本が1位、スペインが2位、ドイツが3位、コスタリカが4位と記されていた。

それはつまり、ドイツがコスタリカにリードしていることを示すもの。私はそこで初めてドイツのリードを知った。

正直、ドイツ対コスタリカの経過はいっさい気にしていなかった。いちいち途中経過を気にするような状況ではなかったし、日本が逆転しても、とにかくこの試合に勝ちきることしか考えていなかったので、それを知っても何も思わなかった。

スペインはまだグループリーグ突破の可能性のほうが大きいが、さすがにここで日本にやられるわけにはいかないというプライドが出てきたように見えた。

56分にスペインはニコ・ウィリアムズに代えてＦＷフェラン・トーレスを、モラタに代えてＦＷマルコ・アセンシオを投入。攻撃のギアを上げてきた。

すると次の瞬間、斜め前の席に座っていたほかの国の記者から歓声が沸き起こった。「なんだ？」と目をやると、記者席に備え付けられているテレビモニターには、喜びに沸くコスタリカの選手たちの姿が。スコアを見ると、コスタリカが１－１の同点に追いついた瞬間だった。

ここからは試合に集中しながらも、斜め前の記者のリアクションでドイツ対コスタリカの経過を把握するという図式になった。

これによって火がついたのはスペインのほうだった。もし、この流れでコスタリカが逆転し、双方の試合がそのまま終われば、日本とコスタリカがグループリーグ突破になり、スペインは敗退してしまう可能性が出てきたのだ。

スペインの選手の表情や雰囲気がさらに変わった。

本気で追いつき、逆転しようとしている。61分に日本の左サイドで三笘のクリアボールをブロックしたガビが、ピッチの外に出たボールを全力で追いかけて拾って、すぐに日本がスローインをするように促した姿が象徴的だった。

日本は62分に疲れの見えた前田に代えて、浅野拓磨を投入。一方のスペインは68分にガビに代えてFWアンス・ファティを、バルデに代えてDFジョルディ・アルバを投入。さらに攻撃的に出てきた。

これに対し森保監督は、鎌田に代えて冨安健洋を投入。冨安を右ウィングバックに置いて、左ウィングバックの三笘がカウンターで攻め上がっても守備力の高い4バックで対応できるようにした。

目まぐるしく変わる戦況のなか、また斜め前の記者たちが沸いた。パッと目をやるとコスタリカがついに勝ち越した。

この瞬間、2位にはコスタリカが浮上し、スペインは3位に転落。いよいよスペインに黄色信号が灯った。

だが、すぐにまた歓声が聞こえて目をやると、わずか3分後にドイツが同点に追いついた。これでスペインは再び2位に浮上したのだ。

目の前の試合とモニターでの試合が、まさにジェットコースターのような展開にな

っている。少し混乱したが、

「スペインに勝てば、なんら問題はない」

と自分に言い聞かせながら心を落ち着かせた。

ただ、スペインにとっては気が気ではない状態が続く。その一方で、日本人としては時間の経過が長く感じる。

そして、斜め前の席からざわめきが。画面を見るとドイツが喜びを爆発させていた。ドイツが勝ち越し。ともにこの展開でいけば日本が1位通過、スペインが2位通過になる。だが、一度火がついたスペインはこのままで良しとはならなかった。

何が何でも同点に追いついて、さらには逆転をする。正直、「勘弁してください」とは思ったが、それくらい日本がスペインを熱くさせていたことは誇らしかった。

87分に田中に代えて遠藤航を投入し、より守備を固めた日本。

ふと日本のベンチに目をやると、選手たちのほぼ全員が立ち上がって前のめりになりながらピッチを見つめている。日本に関わる全員の気持ちがひとつになっていることを感じながら、私は祈るような気持ちでピッチを見つめた。

直後にアディショナルタイムが表示され、その時間はドイツ戦同様に7分。

ドイツ対コスタリカは89分にドイツが4点目を決めて4－2となり、ほぼ試合は決した。これで日本はこのままいけば1位通過が達成できる。しかし、同点に追いつかれてしまったら3位に転落するという、まさに綱渡りの状況であることに変わりはなかった。

一瞬、〝ドーハの悲劇〟が頭をよぎった。

アディショナルタイムでも、本来は攻撃で力を発揮する三笘が相手の仕掛けに必死に食らいついて、身を呈して守っていた。吉田麻也が絶えず声を出して周りを鼓舞し、谷口彰悟、板倉、冨安、遠藤らがそれに呼応して身体を張る。

そして、総力戦で耐え抜いた日本は歓喜のホイッスルを耳にすることになる。

ドイツとスペインを撃破し、大方の予想を覆してのグループE1位通過。

悲劇から歓喜に歴史が塗り変えられた瞬間だった。

喜びを爆発させる選手たち。板倉はその場に大の字で横たわった。殊勲の決勝点を挙げた田中と三笘のコンビもピッチ上で寝転がって何度も抱き合っている。

ピッチ上、スタンド上が大盛り上がりなのはもちろん、記者席も大きな盛り上がりに包まれた。

普段のＪリーグや日本代表の試合の記者席では、ゴールや勝利の瞬間などに感情を爆発させる人は海外と比べるとあまりいない。

私もいつもは冷静に試合を見ることを意識しているため、感情の起伏が起こることはあまりない。

だが、やはりワールドカップの舞台は違った。自分以外にも喜びを表現するメディアの人たちが多かった。

二度目の歴史的勝利に、いつまでも日本サポーターの興奮は収まらなかった。ドイツ戦のように、ほかの国のメディアから「おめでとう」と何回も声をかけられた。

冷静にいえば、まだグループリーグを突破しただけで、ベスト８以上にいくためには、次を勝たないといくことはできない。

でも、そんなことはわかっていても、優勝経験のある２つの国を逆転勝利で退けるというシチュエーションには、興奮せずにはいられなかった。

## 神は細部に宿る

試合後のミックスゾーン。殊勲の決勝弾を叩き込んだ田中は、興奮冷めやらぬままこう口にした。

「東京五輪で負けた相手に内容はどうあれ、こうして勝ちきれたのはチームの力だと思います。正直、自分たちのやりたいサッカーができたかというとそうではないけど、ワールドカップで勝つために講じた最善策がこうして結果に表れた。コスタリカ戦で負けて、いろんな選手がいろんなことを言われていて本当に腹が立ったし、悔しかった。でも、見返したいというか、ここで絶対に勝って次のステージに行きたいと思ってやりました」

田中の声は弾んでいたが、ドイツ戦の浅野同様に反骨心もにじみ出ていた。

あの決勝弾には、彼の「絶対に見返したい」という気持ちと、幼少時代からずっと一緒にプレーをしてきた三笘に対する絶大な信頼感が凝縮されていた。

〝三笘の1ミリ〟のシーン、中に飛び込もうとしていた田中がセルフジャッジで足を止めていてもおかしくはなかった。実際にそのシーンに話が及ぶと彼はこう口にした。

「終わったあとに（三笘に）『信じていたよ』と話したのですが、本当によく残してくれたと思います。本当は触るかどうか迷ったのですが、『行っちゃえ』と思って行きました」

田中は一瞬、「外に出ているかもしれない」と思い、ゴール前に飛び込むスピードを緩めようと思った。だが、すぐにそのまま飛び込むことを決めて、右膝でボールをゴールに押し込んだ。三笘のあきらめない精神がクローズアップされるが、田中もまたあきらめない精神で応えたのであった。

世界ではこのシーンについて賛否両論があり、議論が起こっていると聞く。当然、世界的な影響力が絶大な大会で、スポーツへのテクノロジーの介入という面でも物議を醸すシーンであることは間違いない。もし、これがノーゴールになっていたら、おそらく物議にすらならなかっただろう。

ただ、これだけは言いたい。このシーンは最新のテクノロジーに助けられたのではない。〝神は細部に宿る〟を大舞台で実践したあきらめの悪い男たちが織り成したドラマであったと。

それだけトップアスリートは数ミリという細かい世界で勝負をしている。よく「最後まであきらめるな」と言うが、このシーンでゴールに絡んだ日本の選手全員がいっさいあきらめていなかった。

三笘はまず追いつけると確信しながら飛び込んで、しっかりとボールの軌道を見極めた。だからこそ、ボールの軌道に対して左足を正確に差し込むことができていた。

さらに、目の前に前田が飛び込んでいるのを把握して、前田に当てないようにボールの少し上を叩くことでボールを浮かし、ゴール前に送り込んだ。そして、それを信じて飛び込んだ田中。

振り返れば同点弾もそうだった。

前田を中心に全力スプリントで前からのプレスを仕掛け、相手のビルドアップミスをつくりだし、そのミスを見逃さずにボールを奪ってゴールを決めきった。

誰ひとり力を抜くことなく、仲間を信じて走っていなければ生まれなかった2つのゴールである。

話はミックスゾーンでの田中に戻る。

「僕はずっと『もっている』と思ってやっています。自分を信じてやったことが、あのゴールにつながったと思います」

こう話したときの笑顔は、高校時代に取材をしたときの純粋な笑顔と変わらなかった。思い出したのは、彼が高校1年生の２０１５年2月に、関東トレセンリーグでMVPを獲得したときのことだった。

表彰式後に、照れくさそうに質問に答える初々しさを見せながらも、将来の目標について聞くと、

「僕が目指しているのはトップチームで活躍することと、世界で通用するような選手になること。そのためにはもっとフィジカルを強くしたり、もっと走れたりできる選手にならないといけないと思っています。自分の目標からはまだまだ遠い位置にいるので、ここからもっと頑張りたいと思います」

こう語る彼の目は真っ直ぐでキラキラしていた。

あれからおよそ5年。目の前にいる田中はたくましくなったという言葉では表せないほど、高い志を持った日本を代表するフットボーラーになった。

## 後輩想いの〝遅咲きの花〟

この試合で31歳にしてワールドカップ初出場をスタメンで飾った谷口にも大きく胸を打たれた。

「ワールドカップで戦う選手は、ずっと『俺を出せ』と思っている選手しかいない。だからこそ試合に出られないことは悔しいですし、ピッチに立ちたい。でも、その気持ちをどこかにぶつけるのではなく、サッカーのことはサッカーでしか返せない。自分に出番がまわってきたときにちゃんとしたパフォーマンスを出すために準備をしつづけたい。ネガティブな気持ちを超えていくのは当たり前のことですし、代表はそれができる選手の集まりだと思っていますから」

カタールに来てからこう語っていた谷口にとって、ついに念願がかなったチャンス。だが、相手が優勝候補のスペインで、かつ勝たなければグループリーグ敗退が濃厚となってしまうという、まさに、これでもかというほど難しい状況でのワールドカップ初出場となった。

だが、この難局において、彼は堂々たるプレーで勝利に貢献した。とくに、吉田、板倉とともにラインコントロールをしながら、ビルドアップ面でも正確な縦パスで攻撃のスイッチを入れ、最後まで集中力を切らさずにプレーしきった。

「後半は総攻撃というか、積極的に前に行くことを意識しました。メンバーチェンジを見て、（堂安）律はキープ力もあって時間をつくりだせますし、（三笘）薫はウィングバックでしたが、なるべく高い位置で張れるように意識しながらプレーすることができました。律のシュートが入ったときは僕らの空気もそうだし、会場全体の空気も変わって、ドイツ戦を彷彿させる雰囲気になったので『これはいけるぞ』と思いました。（田中）碧のゴールのＶＡＲのときは『頼むからゴールになってくれ』と思っていました（笑）。きちんと選手の特徴を把握して、チームとしてそれを生かそうとする環境にはなっていると思う」

ミックスゾーンでも、ハキハキと真っ直ぐな姿勢で答えるのは昔と変わりがない。熊本の強豪公立校の大津高校では1年からボランチのレギュラーを託され、1年生とは思えない落ち着いたプレーと、周囲へ気が利くサポートを見せ、「ずいぶん大人びた選手だな」というのが第一印象だった。

その端正なマスクで、学校では相当、女子生徒にモテていたようだ。休み時間になると、教室に何人もの女子生徒が谷口を見にきたり、話題になったりすることが多かったという。

だが、彼はそれに見向きもせずに、真摯にサッカーに打ち込み続けているという話を聞いて、さすがだなと思った。

高校3年生でキャプテンとなった谷口は、

「僕がなんでも率先してやらないと、周りはついてきませんので、積極的にチームのために取り組みたい」

と口にして、チームの先頭に立っていた。

高校サッカーを終え、彼はプロではなく筑波大学に進学した。

これも将来のことを考えて、サッカーだけにならないようにするという堅実な人生設計によるものだった。大学サッカーでも変わらず真摯にサッカーに取り組む姿勢と、ハキハキと礼儀正しく受け答えする姿はいっさい変わらなかった。

印象に残っているのが、彼が大学生のときの後輩想いのエピソードだ。

2012年12月15日、埼玉スタジアム2002第3グラウンド。この日、翌年の高円宮JFA U-18サッカープレミアリーグ参入決定戦が行われた。

キャプテンのＤＦ植田直通とエースの豊川雄太を擁する大津高校は、香川西高校に勝てば昇格が決まる重要な一戦を迎えた。

試合会場に着くと、大きな太鼓を抱えた谷口に遭遇した。驚きながら、「え？　後輩の応援？」と聞くと、

「はい、プレミア昇格がかかった大一番なので、応援太鼓を借りて持ってきました。今日は俺たちが勝たせますよ」

谷口は元気よくそう答え、

「じゃあ、全力でチームを勝たせてきます！」

と、爽やかな笑顔でタッチライン側の観戦ゾーンに入っていくと、谷口と車屋紳太郎をはじめとした数人の大津高ＯＢたちが応援を始めた。

谷口は中腰になって大きな太鼓を叩き続けた。それは試合前、試合中もずっと変わらなかった。後輩のために大きな声を上げながら一心不乱に太鼓を叩く。その一部始終を私はすぐ横でカメラを構えながら見ていたが、「すごい選手なのに、あれだけ熱く後輩を応援できるなんて大したものだ」と、思わず感心してしまった。

結果は、彼らの熱烈なサポートもあってか、豊川のハットトリックを含む６－１の

圧勝。トドメの6点目は植田のヘッドで、ゴールを決めた植田は真っ先に先輩たちのもとに全力疾走をして、谷口らと抱き合って喜びを爆発させていた。

試合後には、選手全員が谷口たちの前に整列をして挨拶したあと、先輩後輩が入り乱れて喜びの輪ができた。

「いやあ、本当に後輩たちにすごくいい刺激をもらいました！　これで僕らも明日から頑張れますよ!!　僕もプロになって、日本代表になって、今度は後輩たちに応援されるような存在になりますよ」

谷口は笑顔でこう語って、グラウンドから去っていった。


あれからちょうど10年。谷口は日本代表として大声援を背にカタールのピッチに立ち、スペイン撃破という歴史的快挙の当事者となった。

彼のサッカー人生を振り返ると、高卒ではなく大卒プロで、U－17ワールドカップにも、U－20ワールドカップにも、オリンピックにも出たことがなかった。

２０１５年にA代表入りをするも、２０１８年のロシアワールドカップには関われず、２０２１年に29歳でA代表に再選出されて、30歳にしてようやく代表定着を果たし、31歳で初のワールドカップに出場することができた。

〝遅咲きの花〟と言われてきたが、彼は高校時代から変わることなく、真っ直ぐに、かつ一歩ずつ前に進み続けてきたからこそ、いまがある。ミックスゾーンでハキハキと話す姿を見て、努力は報われたのだとしみじみ感じた。

「試合に出たらやれる自信はあった。もちろん緊張はしましたが、スペインを倒して勝ち点３をつかんで、（グループリーグを）突破するというタスクを達成できて嬉しいです」

笑顔でそう語る谷口を見届け、試合後のミックスゾーンはそれぞれの選手の人生を感じる場所だなと思うとともに、次なる戦いに向けて気が引き締まった。

かくして、グループＥを１位通過した日本の、決勝トーナメント初戦となるラウンド16の相手は、グループＦを２位通過した前回準優勝のクロアチアとなった。

クロアチアには世界的なＭＦルカ・モドリッチがいる。

彼とマテオ・コバチッチ、マルセロ・ブロゾビッチの中盤のトライアングルが織りなす攻撃はトップクラスで、今大会で一気に世界的に名を上げた、20歳のＤＦヨシュコ・グバルディオルなど強固な陣容をもつ。

日本がまだ見たことがないベスト8という景色を見るための関門として、最高の相手であることは間違いない。田中はこう語った。

「（グループEが）２強２弱のグループだったことには変わりはないと思います。じゃあ、次の大会でも同じグループになったからといって、僕らが通過できる保証はない。でも、今回はその状況下で勝ったことが大きな自信になる。こういうことの積み重ねが強豪国になっていく大事なステップだと思います」

一歩ずつ階段を上がっていく日本代表。

日本サッカー界にとって〝四度目の正直〟を達成すべく、２勝した喜びにいつまでも浸ることなく選手全員の顔はクロアチア戦に向かっていた。

これは余談だが、スペインに勝利したあと、メッセージの通知が止まらなかった。仕事関係者や家族、友人、知り合いから次々とメッセージが届き、そのほとんどが「すごかったね」「歴史的瞬間にまた立ち会えたね」という祝福だった。翌日に目覚めてスマートフォンを開くと、メッセージの未読件数はこれまで見たことがない数だった。

「これが、選手たちがよく言う、『めちゃくちゃ連絡がありました』という現象か」

こんなところで人生初めての経験をするとは思っていなかった。
あらためてワールドカップのすごさと、この勝利の大きさを、身をもって痛感した。

# 第6章

# ―

# 覚醒するドリブラー

## 世界を魅了するドリブルの原点

ボールをもてば〝何か〟を起こしてくれる三笘薫の存在は、今大会において大きな希望の光だった。

どんなに苦しい展開でも、彼にボールが入ればなんとかなる、なんとかしてくれる。いちばんそれを痛感したのは、閉塞感にあふれていたコスタリカ戦だった。

あの試合は、彼が唯一といっていいほどの頼みの綱だった。

〝戦術・三笘薫〟といわれるほどの存在感を放った彼だが、いったい何がすごいのか。

たしかに、スピード自慢のドリブラーは日本にもたくさんいる。そのような選手の多くは、フリーもしくは1対1の状況で、力を発揮する。

裏を返せば、複数のマークがついたり、研究をされてカバーリングやスライドなどの対策を練られたりすると、力を発揮できなくなるパターンに陥りやすいのだ。それこそがドリブラーがぶつかる大きな壁だった。

ところが、三笘にはその壁がまったくと言っていいほどないのだ。

たとえば、前述の堂安は、パスをして前に出てボールを受け直すことで、ドリブルと同じ効果、ドリブルで仕掛けるよりフィニッシュにパワーを残せるという答えを見出して、自分のなかに取り入れたことで、壁を突破することができた。

では、三笘の場合はどうなのか。

彼はスピードに乗ったドリブルの際に、ほかの選手よりも選択肢が多いのが最大の特徴だ。

川崎フロンターレU－18のときから、足元の技術は高く、狭いエリアでボールを受けるのを苦としなかった。体の線は細いが、ドリブルのキレは尋常ではないくらいある。ドリブルをしながら、常に何かを狙っている選手だった。

ボールタッチも細かいし、加速しながら顔も上がっている。学年が上がっていくにつれ、ドリブルのキレはさらに増し、なかでもターンスピードが格段に増していった。

たいていのスピードドリブラーは、どうしてもファーストタッチが大きくなってしまいがちだが、彼にはそれがなく、ピタッと足元に収めてから加速できる選手だった。

ステップワークも軽やかで、前に出るダッシュはもちろん、バックステップ、サイドステップ、斜めのステップも極めてスムーズだからこそ、彼のターンのキレはすさまじかった。

足元に収めることができて、360度のステップもスムーズ。この2つの特性が最大限に発揮されるのが、彼の〝ストップ&ダッシュ〟だ。

急激に加速することと、急激に止まることは非常に難しい。だが、三笘にはそれができるのだ。

高校時代からできたわけではない。川崎U-18まではスピードに乗ったなかでのプレー変化がメインだったが、筑波大学に入ってから、明らかに身体操作において本人の意識、動きが変わった。

強烈なストップ&ダッシュを1つの流れのなかで複数回入れながら、相手をかわしたり、ドリブルのコースを変化させたりして、ロングスプリントドリブルを完結させるというプレーが目立つようになった。

実際に筑波大時代、三笘とはよくプレー議論をした。そのなかで、どうして質の高いストップ&ダッシュができるのかと聞いたことがある。すると、彼はこう答えた。

「スピードの緩急はものすごく大事だと思っていたので、意識的にやるようになりました。それまでは、ただ、スピードを上げていくことにこだわりすぎていたんです。でも、それでは相手のレベルが上がると慣れられて対応されてしまう。状況を見て、上げ方を変えたほうが、相手も嫌がるなと思って意識するようになったのですが、走りながらギアをチェンジするのはなかなか難しい。ならば、『止まることも効果があるのでは』と思ったんです。そこで、トップランから止まることを意識してやったら、だんだん止まれるようになった。その『0・100』を覚えたことで、ドリブルの緩急がつくようになったんです」

武器をたんに使うのではなく、いかにその武器を強力に、より効果的に使えるのかを考えて創意工夫をする。彼はそれが当たり前のようにできていた。

試合を観にいくと、自陣でボールを受けてカウンターを仕掛けるときも、クッと止まってから、相手が足を出してきた瞬間に一気にコースを変えながら加速して打ち抜いていく。

逆に、相手が足を出してこなければ、すぐに加速してボディフェイントで揺さぶってから、一直線に打ち抜いていく。

相手DFの特徴、いまの状態と狙いを、きちんと把握してから必要な選択をする高度な駆け引きを見せていた。

ある試合で彼が2度のストップ&ダッシュを駆使して突破したシーンがあった。それに対して「なぜ二度やったのか?」と聞いた。すると、三笘は笑顔を見せながら解説をしてくれた。

「あのかわしたシーンですよね。食いつきやすい相手と、その場から動かずに対応してくるDFがいるので、状況によって変えています。ただ、あのときは、1回止まってから加速したのですが、相手の足の間合いに入ってしまったので、もう一度止まってから仕掛け直しました。でも、もうちょっと距離を開けるべきでした。間合いを開けながらのストップ&ダッシュは、ブラジル代表のネイマールがよくやっているプレーですが、僕も参考にしています。あのシーンはそれを最初から出すべきでした」

彼は試合の記憶力が極めていい。このプレーはどうだったのかを聞くと、瞬時にそのときの具体的な話が出てくる。話していても非常に頭のいい選手だと感じていた。

私が、「ネイマールといえば、距離を置くだけでなく、わざとDFの目の前まで来てからストップして加速しますよね」とふれると、

「あれやりたいですね。僕はまだちょっと相手から遠いところで止まりますが、もっと近くで止まることをやりたいです。そこで止まれたら、相手もピン留めできる。ずっとトライしています」

逆に、「止まると見せかけて、そのままランで駆け抜ければ、その時点で1人かわせるかもしれませんね」と言うと、

「そうなんですよ、ランのバリエーションを増やすだけで、フェイントどうこうしなくても相手を剝《は》がすことができる。スピードに乗った状態で相手のゾーンで仕掛けられることを一つの強みにしていきたいんです」

聞けば、必ず明白な答えが返ってくる。なかでも印象的だったのが、彼がアウトサイドを使ったプレーを重要視していたことだ。

三笘はドリブルをするときに、足のインフロントやインサイドよりもアウトサイドを使いながらドリブルし、パスを出すときも基本はアウトサイドだった。その理由を聞くと、

「右のインサイドや左で蹴るよりも、プレースタイル的に右アウトサイドのほうが使いやすいんです。ドリブルのタッチがスムーズにいけますし、パスを早く出せるのと、巻いて出せるからです」

そう答えた。このときに、私のなかでのアウトサイドを重要視する考えが間違っていなかったことを再確認できた。それは、のちの章であらためて言及したい。

## オフ・ザ・ピッチのクオリティを磨く

三笘の魅力はプレー面だけではなかった。

将来のなりたい自分を、具体的にイメージしながら、さまざまなアプローチをしていた。

彼が大学3年生のときに、これまでのことや、これからのことを聞く機会があった。その話のなかで、彼が歩んできた道のりや、稀代のドリブラーに育っていくターニングポイントを見てとることができた。

川崎U－18からトップへ昇格の話はあったし、ユース時代を見ていても、十分にトップで戦えるだけの力はもっていた。

しかし、それを断って筑波大に進学したのだ。

「正直にいうと、高校を卒業するときは自分に自信がありませんでした。7、8月ごろにクラブの強化部の方などと面談をしたとき、トップ昇格を伝えてくださったのですが、僕自身、トップでやれる自信が決定的に足りなかった。将来を考えると筑波大に行ったほうがいいと思ったんです」

もちろん、目標はプロサッカー選手で、海外で活躍してA代表でも活躍することは明確な夢だった。だが、彼のなかでは、高卒からいきなりプロではなく、大学進学が得策だと思えた。

「国立大ですし、実際に筑波大の練習に参加をしたら質が高かった。学問でも、筑波大ならばよりサッカーを客観的に見て、いろんな視点から学ぶことができる。サッカーだけの生活を送るだけになるのではなく、学生としてしっかりと勉強にも取り組むことで、人間としても成長すると考えたんです。やっぱり、サッカー選手の現役時代はそんなに長くないですし、その先のほうが長い。そこも視野に入れて考えると、小《こ》井土正亮《いどまさあき》監督からお話をもらったときに、この非常にいい環境を生かさない手はないし、ここしかないと思ってきました」

いま筑波大蹴球部の総監督を務める小井土氏は、すぐに三笘の才能に惚れ込み、

「もしトップに上げないようでしたら薫をください」

そう熱望していたという。

ちなみに、私と小井土氏は、同じ岐阜県出身で学年も1つ違いということもあり、選手としては小学校のときから知っていて、筑波大蹴球部で指導をしはじめたときか

らコミュニケーションをとっていた。

それもあって、三笘のことはよく話をしていた。当時、小井土氏が、

「まさか、トップ昇格を断ってまでくるとは思っていなかった」

と語っていたように、彼の能力を知る人間からすると、大学進学は驚きしかなかった。私は「本当に自信がなかったのか」と再度聞くと、三笘はこう答えた。

「昇格の話をいただいたのは本当に嬉しかったのですが、本当に自信がありませんでした。べつに大学に自信をつけにきたわけではないですが、実際にトップチームの練習に参加をして、スピード的にもフィジカル的にも客観的に自分を見たときに、僕はプロ1、2年目から試合に出られるタイプではないと思ったんです。ならば大学に行って、こつこつとやれば、高卒プロの選手たちを追い越せると思った。自分の力と人間性を4年間でじっくり伸ばそうという気持ちで入りました」

大学サッカーでいろいろな視点を身につけて大きく成長したい。この思いが彼に学ぶ意欲をもたらした。大学で専攻していたのは体育学。運動生理学、栄養学など多岐にわたる知識の習得は、サッカーに深くつながっていると実感していた。

大学サッカーでプレーを磨く一方で、自身の走り方の分析や、ドリブルの解析、そ

して栄養面からフィジカルの仕組みの部分まで、どこまでも貪欲に学んだ。

「僕は最後にモノをいうのは人間性だと思っているので、大学で学ぶことは本当に有意義で大きなチャンスだと思っています。僕も高校までは、どちらかというとサッカーだけやってきた人間なので、これまでの自分の視野の狭さを痛感する日々を送っています。プロの世界に入ったら、サッカーのみに集中しないといけないので、この与えられた4年間は両立すべき時間だと捉えています」

大学で得た〝理論的で多角的な客観視〟という大きな武器。視野を広げていくなかで、自分のプレーに対するアプローチも大きく変化していった。

「より自分の身体や特徴に合った、相手が嫌がるプレーを意図的に磨けるようになりましたし、トレーニングの原理じゃないですけど、より〝回復〟に目を向けるようになりました。これまではプレーばかりに目を向けていて、練習ばかり意識をしていたけど、それだけでは伸びないことも知りました。ケア面を含めて、より自分の身体に気を配るようになりました」

## フロンターレの先輩たち

彼が一つのモデルケースにしている人物がいた。それが谷口彰悟だった。

谷口は筑波大から、知性あふれるＤＦとして川崎に加入し、そこからフロンターレ一筋で守備の要となっていた。

「谷口さんも大学で４年間きちんと学んで、教員免許も取得してからプロに進み、フロンターレにおいて今や不動の地位を築いている。そういう偉大な先輩たちがいるので、将来を不安視はしていません」

それからわずか４年後のワールドカップで、２人がチームメイトとしてプレーするのは正直、感慨深いものがあった。

谷口も筑波大時代に三笘のように、こう語っていた。

「ここではサッカーだけじゃなく、学べることがたくさんあるんです。自分の視野がものすごく広がりましたし、より自分のプレーや身体を知ることができています」

常に自分の立ち位置、成長するべき道筋を見極めながら、思いを言語化していくなかで、徐々にプロサッカー選手になっていくための自覚と自信が、三笘の言動から見られるようになっていった。

印象的だったのが、2018年5月のトゥーロン国際大会に出場するU－21日本代表に選ばれたときの言葉だ。当時、法政大学の3年生で同級生だった上田綺世とともに大学生選手として選出され、彼はこう口にしていた。

「代表スタッフの方がちゃんと大学サッカーを見てくれていることはわかっていたので、筑波大でしっかりと活躍をすれば、チャンスはあると思っていた。周りは僕のことを〝大学生〟と言いますが、戦いの舞台ではそんなの関係なくて、もう同じ目で見られないといけないと思っています。僕がちょっと活躍すると『大学生がすごい』というふうに言われる。そう見られるのは仕方ないのですが、自分のなかではもう年齢的にも20歳を過ぎていますし、違和感をかなり覚えます。そういう色眼鏡で見られないようにもっと頑張らないといけないし、活躍することが普通にならないといけないと思っています」

彼にとって東京五輪を目指すこの代表活動は、サッカー選手として、高卒でプロに進んだ選手たちと同等の立場で切磋琢磨できる大切な場所であるからこそ、〝大学生〟であることを強調されたくなかった。

「僕が大学を選択した理由は、将来のことを考えてのことでもありますが、正直、〝逃げた〟部分もあります。でも、ここに来たことは間違いなかったし、自分で正当化しないといけないと思っているからこそ、東京五輪代表でプレーして結果を出すことが、それを証明する1つであると思っています」

このとき、彼の言葉から「逃げた」というワードが出てきた。そのことに、さらに突っ込んで三笘に聞いてみると、彼はこう口にした。

「自信がないからトップ昇格をしなかったという選択をした時点で、挑戦することから〝逃げた〟ということはわかっていました。大学に来ている時点で、サッカー面では高卒プロの人より遅れているということもわかっています。高卒プロでスタメン争いを演じているような人たちからすれば、大卒プロを目指している僕らなんか、正直見ていないと思いますし、彼らはそこで争っている暇なんかないと思います。でも、大学生である僕は高卒プロの同年代の選手たちをめちゃくちゃ見ています。彼らのレベルも客観視できているし、そのうえで自分の現在地、立ち位置をしっかりと把握することもできていると思います」

鋭い目つきで語る三笘に、疎外感はないのかと聞いてみた。

「疎外感はないです。むしろ、これをメリットに変えたいと思っています。逃げかもしれないけど、たった一度しかない自分の人生。無策で生きるのは危険だと思います。それに僕が筑波大学に来て思うのは、『環境が人を育てる』のではなく、『どの環境でも育つ人は育つ』ということです。自分自身が言い訳をせずに、確固たるものをもってやっていればいいと思います。僕はこの選択に誇りをもっていますし、後悔はしていませんから」

人間である以上、隣の芝生は青く見えるものだ。だが、自分の覚悟と決断に誇りをもっていれば、それが正解になる。

彼は自分の弱さを認めているからこそ、周りが高卒プロだらけの環境にいても、大学サッカーをしている自分を否定しなかった。むしろ、向上心と反骨心にさらに火をつけていた。

「だからこそ、この4年間で抜かしてやりたいし、差を広げられたくないんです」

それから月日が経った2018年8月、三笘が古巣の川崎フロンターレに2020年シーズンから加入することが内定したと発表された。

その直後、素直な胸の内を聞いた。

「フロンターレに帰りたいとずっと思っていたし、育ててもらったクラブという感謝もあるので、ほかのクラブを考える余地はありませんでした。それに、まだ大学は1年ちょっと残っていますが、早めに決めて発表することで、常にフロンターレを意識することができるメリットがあると思っています。これから周りの目も厳しくなりますし、そのなかでどれだけできるかも試されていると思います」

実際に、大学生選手としてトップチームの練習に参加したときに、高校時代にトップの練習に参加したときとは大きく異なる、本物のプロフェッショナルの雰囲気を味わうことができたという。

「ユース時代からトップチームのレベルの高さはわかっていたつもりだったのですが、あのときは練習に参加しても、意外とプレーが通用する感覚があったり、そこまで『(プロとの距離は) 遠くないな』と思ったりしていました。でも、一度離れて、今度は〝部外者〟としてトップチームの練習に参加したら、相当レベルが高かった」

高校時代は、周りも「ユースの選手だから」という見方で接してくれていた。練習もウェルカムの雰囲気で、すんなりと参加することができた。だが、プロ入り志望のひとりの大学生選手として練習に参加すると、あのとき見えていた風景とまったく違っていた。

「周りの目や雰囲気が全然違った。『結果を出せなかったら落とすよ』『どれくらい成長してきたの？』というプレッシャーというか、すごく試されている感じがありました」

その厳しい目に対し、彼は筑波大でやってきたことを表現し、そして、認められた。

ちょうどこのとき、三笘の1学年下の田中碧が、J1リーグでトップチームの選手としてプロデビューとプロ初ゴールを決めていた。その話題を彼に振ってみた。

「ニュースで見て、そのあとハイライトシーンを見ました。歳が近いので嬉しい気持ちもありましたが、負けていられないというか、僕も早く出てゴールを決めたいと思いました。ただ、やっぱりこれまでどおり、そこを気にしてもいられないですね」

華やかなJリーグの舞台と、観客も少なく注目度も高くない大学サッカーの舞台。この格差を大学に入ってから嫌というほど感じてきたからこそ、もうそこでぶれることはなかった。

実はこの会話のなかで、彼はまるでいまの状況を予言していたような言葉を発していた。それは、フロンターレでずば抜けた存在感を放っていた、家長昭博の話題になったときだった。

「家長さんの個の破壊力はちょっと別格ですよね。僕のなかで家長さんはオールマイティーでレベルが高いし、ひとりで打開できるので観ていて楽しいし、〝お金を払ってでも観たい選手〟なんです」

サッカーは個人スポーツではなく、チームスポーツ。そうなると周りとの兼ね合いや、相手との兼ね合いで、ときには個を犠牲にしてまでもチームの秩序を守らないといけないことが多々ある。

チーム戦術のなかに組み込まれ、自分というものを表現できなかったり、表現できるタイミングを見つけられなかったりして、埋もれていってしまう選手を、私はこれまで何人も見てきた。

三笘のなかで家長は、チーム戦術のなかに組み込まれても、いざというときにその戦術を凌駕してしまうほどの個を発揮できる選手であった。

「同じサイドアタッカーでもあり、家長さんは僕の理想像でもあります。自分で勝負を決めてしまうことができる選手にならないと、トップ・オブ・トップには行けないと思います。結局、最終的には、その個の打開力が〝戦術〟になるんですよね。その選手の存在自体がチームとしての1つの戦術にまでならないと、生き残っていけないと思っているし、そここそが、僕が今後プロとして上に行くために絶対に必要なものなんです」

## 世界最高の舞台での覚醒

自分自身の存在が戦術になる。

これを彼は4年後に現実のものにした。しかも、日本代表、ワールドカップという最高峰の舞台でだ。

「僕は自分じゃないと出せない部分をより磨くことを求めています。それがフロンターレでいえば家長さんで、世界的にいったらベルギー代表のエデン・アザールです。試合で『こいつにボールをもたせたくないな』という雰囲気を出していきたいと思っています」

いまでもそのときに発した言葉の力と、宿っていた目の輝きが思い浮かぶ。

筑波大学時代、多くの強豪大学が、〝三笘シフト〟として、彼がいるサイドの守備を分厚くしたり、なるべく彼にパスを通させないように中盤を厚くしたりと、あの手この手で対策を練ってきた。

しかし、それでも彼は、一瞬のキレと抜群のコース取り、そして両足の滑らかなボールタッチをトップスピードで繰り出し、次々と相手をかわしていった。

川崎フロンターレに入ってからも、2021年8月に、イングランドのブライトン・アンド・ホーヴ・アルビオンFCに移籍し、労働許可証の影響ですぐにベルギー1部のロイヤル・ユニオン・サン＝ジロワーズへ期限付き移籍をしたときも、彼の信念、考え方はブレなかった。

ベルギーのときは、まだ自分はプレミアリーグで戦えるレベルにはないとしっかりと自己分析をし、ベルギーで海外のスピード、フィジカル、生活に慣れてから、世界最高峰のプレミアリーグで戦える自分に仕上げていくという明確なビジョンをもって日々を過ごした。

そのために、専用のパーソナルトレーナーや栄養チームを組んで、身体操作、コンディショニング、そして、栄養補給とタイミングの面で徹底した自己管理を行った。

だからこそ、サン＝ジロワーズで不動の存在となり、2021〜2022シーズン終了後にブライトンへの復帰が決まり、そこからはプレミアリーグでも驚異のドリブルでチームのオプションどころか、重要なチーム戦術の1つとなっている。

カタールでも、対戦相手の世界の強国が、三笘が投入された瞬間に、守備陣形を変えたり、アプローチを変えたりと〝三笘シフト〟を敷いていた。

まさに〝戦術・三笘〟を体現し続けている。

グループリーグの3戦で、何度「頼むから三笘にボールを渡してくれ」と思ったことか。苦しいときほど、彼がボールをもつとゴールへの道筋がパッと開く。そして、それを見てさらに期待を抱く。

そんな期待を高めながら、決勝トーナメント1回戦、クロアチア戦を迎えた。

# 第7章
―
# クロアチアの壁

## 決戦に向けての決意

スペイン戦の勝利で、ドーハ市内を歩いていても、日本人だとわかると声をかけられ日本代表のユニフォームを着ているほかの国の人が増えたような印象を受けた。

カタールの地で、明らかに日本代表が強烈なインパクトを残している。それが日本人として誇らしかった。

その一方で、これまで街には多くの国のサポーターがいたが、グループリーグが終わったことで、その数は一気に減った。大会も佳境に向かっていることを実感し、どこか寂しさを感じるようになった。

12月3日からラウンド16がスタートした。ここからは負けたら終わりのノックアウト方式だ。オランダ対アメリカの一戦を前に、私は日本代表の練習場に行って、決戦を控える選手たちの声を聞いた。

「チームとして自分たちがやるべきことをやれば、大きな成果を得られると思う」

3試合すべてに先発出場を果たしている鎌田大地は、決戦に向けてこう口にした。

ここまで彼は我《が》を出すプレーよりも、チームプレーに徹しているように見えた。本来は高い位置でラストパスを供給したり、中盤に落ちてボールを受けて展開したりと、1試合で多くボールに関わって攻撃のリズムを構築していく選手だが、ここではボールを収約するというより、ワンタッチプレーやオフ・ザ・ボールの動きで周りを生かすプレーが多かった。守備のウェイトも大きく、周りが点を取るなかで、彼はいまだにノーゴールノーアシスト。

「個人成績は欲しいなとは思いますが、チームが勝てていることが大事。グループリーグで敗退をしてしまったら、気持ち的にもかなり難しい大会だったと思うのですが、結果がついてきているので」

当然、納得のいく成績ではない。だが、彼は心からチームの結果を優先し、自己犠牲ともいえるプレーを引き受けている。私は、それができること自体が彼の能力の高さを示していると思っている。

それぞれの選手には持ち味があり、武器がある。上のレベルに行けば行くほど、その持ち味や武器の質は高くなるし、プライドとしてそこを前面に出したくなるのが常というものだ。

鎌田は、攻撃におけるあらゆるプレー精度の高さをもっている。ワールドカップという大舞台でその仕事に専念したい気持ちは当然あるだろう。だが、彼はチームのために守備に重きを置きながら、前線のアタッカー陣のスピードやドリブルを生かすように球離れを早くして、速攻の精度を上げたり、ボールをキープして周りが上がってくる時間をつくったりするなど、あくまでもチーム戦術を機能させることに注力した。

「仮に、このワールドカップで自分が活躍できなくても、日本が新しい歴史をつくることができたら、僕はそれでいいと思うし、（負けて）大会が終わったとしても、またチームとしての試合は続く。もちろん、このワールドカップを大事に思っていますが、このワールドカップがすべてではないと思っています。なので、個人よりもチームのためにプレーしたいと思っています」

思えば、彼は京都・東山高校時代からチームのために自分を犠牲にしたり、力を発揮したりできる選手だった。

ガンバ大阪ジュニアユースから昇格できなかった彼は東山高校に進むと、ストライカーとしてゴールを決めるだけでなく、チャンスメークから中盤のボールの拠り所としてのプレーなど、一人何役も任される存在となった。

高校3年間で全国高等学校サッカー選手権大会には一度も出場できなかったが、高校2年生の高円宮杯JFA U-18プリンスリーグ関西では無双だった。

１８０センチメートルのサイズで、スピードもボールコントロールもシュートセンスも申し分ない。何より彼の魅力は独特の間と、予兆がない状態から決定的な仕事をすることにあった。

ありえないタイミングで決定的なパスを通しては、「いつあのスペースを見ていたんだ？」という驚きを与え、パスを出すべきところでいきなりボールをもって立ち止まり、「何をしてるんだ？」と惑わされると、次の瞬間にいきなりドリブルを始めて、強烈なミドルシュートを叩き込む。

予測不能というか、もう〝何を考えているかわからない選手〟だった。だからこそ、ものすごく魅力的な選手に映った。彼の思考を読み取ろうと、よりプレーそのものに注目するようになる。予想を裏切られるたびに、私は彼の魅力に引きずりこまれていった。

これだけ聞くとマイペースな選手のように映るかもしれないが、

「このタイミングで出したいなと思っていても、味方が受けられる状態でなければただのミスになります。なので、一度ボールをキープしたり、パスができないならシュートまでもっていこうと考えたりしています」

と、語ったように、彼のプレーはすべて周りの動きをしっかりと見て、味方のテンポやリズムに自分を合わせているからこそ生まれるものでもあった。

彼が高校3年生に上がる直前の春、岐阜県大垣市で開催されていた高校サッカーのフェスティバルに東山高校の選手として参加していたとき、グラウンドの片隅で1時間ほど語り合った。

そのとき、彼は印象的な言葉を口にしていた。それは将来について話を聞いたときだった。その飄々《ひょうひょう》とした表情からは予想できないほど、彼は自分の将来を真剣に考え、かつ強烈な危機感を抱いていた。

「大学を卒業したら、もう22歳になっているんです。世界的に見て22歳でプロになるのは、僕のなかでは絶対に遅いと思っているんです。僕は高校から直接Jリーグに行って、1年目から試合に出ることを理想とするし、そうしないといけないと思っています」

当時、彼の周辺は騒がしくなかった。興味をもっているJクラブはあったが、激しい争奪戦が繰り広げられているわけではなく、正直、プロに行けるか行けないかのボーダーライン上にいるような状況だった。

だが、彼の目は真剣だった。

「正直にいうと、いまは大学を考えたほうがいいと言う人もいると思います。でも、僕は高卒プロにこだわりたいんです。もちろん、やれる自信はありますし、これから自分がやらなければいけないこともわかっています」

最初は不思議な選手だった鎌田が、見えている世界が違う稀有な選手という印象に変わり、さらにピッチ上で周りと自分の調和ができて、誰よりもプロフェッショナルでストイックな選手という印象に変わっていった。

「常に僕の上には誰かがいます。自分が一番なんて思ったことは一度もありません」

彼は唯一、正式オファーをくれたサガン鳥栖に加入すると、そこから一気に頭角を現して、ヨーロッパのトップシーンに駆け上がっていき、今は日本代表の主軸としてクロアチア戦に向けての抱負を語っている。

「僕らはクロアチアの選手たちと違って、トップ・オブ・トップでやっているわけではありません。だからこそ、チームとして戦えば、個で負けていたとしても勝つことはできる」

## チームにおける自分の役割

チームとして戦う。この思いは鎌田だけではなく、全員がもっていた。

前回のＦＩＦＡワールドカップ２０１８ ロシアでは攻撃の中心として活躍し、〝ロストフの14秒〟を経験している柴崎岳もそのひとりだ。今大会はまだ1試合も出場できず、悔しい思いもあるなかで、練習場での取材に対してきちんと応対をしていた。

「歴史をつくる場を自分たちでつかみ取った。最大の目標に臨むだけです」

１試合も出られていない現状に対する思いを問われたとき、彼はこう言った。

「個人的には、今それを話すタイミングではないと思う。今は日本代表が次の試合に勝つことにフォーカスをしています」

責任感の強い彼らしい発言だった。

青森山田中学校の2年生のときから取材をしているが、いつも冷静沈着に周りを見ながらも、自分の意思はしっかりと貫き通す、非常に大人びた選手だった。

「ピッチ上で学年は関係ないと思っています。それに遠慮してプレーをしていたら、逆にチームに迷惑をかけてしまうと思います」

中学生で青森山田高校の公式戦に出場していたとき、この言葉どおりにピッチ上では臆することなく指示や要求を伝え、気持ちがこもっていないプレーをした先輩を厳しく叱咤《しった》する。

彼のすごいところは他人に厳しいだけではなく、自分に対しても非常に厳しいところだ。

納得のいかないプレーはとことんまで反省し、かつ分析をして、次の練習から課題として改善に取り組む。試合で負ければ心の底から悔しがり、勝てば喜ぶ一方で必要以上に浮かれないし、慢心しない。

それはプレースタイルにも表れていて、柴崎は一見、「俺のパスで動け」という選手に見られがちだが、ほかの選手に選択肢を与える献身的なプレーを率先することができる選手だった。

高校2年生のときの言葉が印象に残っている。

「複数の選手とプレーが合ったときはすごく楽しいんです。僕よりうまい選手が多ければ、それだけいろんなバリエーションをつくりだせるので面白いし、歓迎すべきことなんですよ。僕はうまい選手に〝生かされたい〟し〝生かしたい〟んです。だって、自分が見て『すごいな』と思う選手には、その選手のために全力を尽くせますよね。ディフェンス面でも、『あの人が何とかしてくれるなら、自分は一生懸命ボールを取って彼に渡そう』とか、『もっと輝けるように生かしてあげよう』とか思います。献身的なプレーができるというか、そういう存在がいることで、〝その周りのひとり〟として動くことができますね」

さらに、彼は高卒プロとして鹿島アントラーズに入るときもこう話していた。

「僕は常に最低の状況を想定してやっています。苦しい状況に陥っても、それはそれで自分の力になると思うし、もちろん試合に出たほうがいいですが、逆の立場になっても自分の新たな考えが生まれると思います」

いま、彼はカタールの地で、本気でチームのために自分のベストを尽くしていた。

「サッカーはいいほうに転ぶこともあれば、失敗に終わることもある。そこは常に自分にベクトルを向けて考えて、自分自身で整理すればいい」

彼の信念はどんな状況でもブレていない。クロアチア戦もピッチだろうが、ベンチだろうが、チームのために全力を尽くすことに変わりはない。

## 決勝トーナメントの幕開け

クロアチア戦に向けてのそれぞれの思いを聞いたあと、練習場からほど近いハリーファ国際スタジアムで行われたオランダ対アメリカ戦に向かった。

試合は３－１でオランダの勝利。試合後、私は記者席に残ってパソコンで原稿を書いていた。すると、センターサークル中央にアメリカの選手たちがユニフォーム姿で、４人で円をつくるように座って話し込んでいる。その光景をチラッと見てからパソコンに向かう。15分くらいしてふとピッチに目をやると、４人はまだ話をしていた。

周囲では、グラウンドを整備する作業員とボランティアスタッフが多数片付けをしている。しばらくすると、アメリカの選手たちは作業員とボランティアスタッフにお礼を告げに行き、全員で集合写真を撮り始めた。

その光景を記者席から見つめ、何か心が温まる思いになった。

選手たちはワールドカップという4年に一度の大会で、人生をかけて、強い思いをもって、国を代表して戦っている。

戦いが終わり、それまでの歩みが一区切りついた直後、まるで卒業を惜しむ学生のように、いつまでもピッチに座って話し込み、お世話になったボランティアスタッフと作業員たちに言葉をかけて、1枚の写真に収まる。

負けたら大会を去らないといけない現実と寂しさ、そして、この大会が選手たちにもたらしている価値。彼らが人生をかけているワールドカップを取材している意義を、あらためて感じることができた風景だった。


クロアチア戦の前日、ズラトコ・ダリッチ監督の記者会見に行くと、監督の隣の席には売り出し中のヨシュコ・グバルディオルも選手代表として座っていた。翌日の試合に向けての意気込みを語るなかで、ダリッチ監督は対戦相手の日本についてこう言及した。

「ボール支配率は低いですが、攻守の切り替えが速い、カウンターも鋭い危険なチーム。5~6人の選手がカウンターに来る。ドイツ、スペイン戦で自信をつけているだけに、われわれとしては1秒たりとも気を抜いてはいけない。ただ、彼らも屈しないが、われわれも屈しないで集中力を高めていく」

そのうえで、決勝トーナメントゆえにPK戦もありえるという意見に対しては、最大限の警戒心を口にしつつも勝利への自信をのぞかせた。

「PK戦でもわれわれが生き残ると思う。粘り強いのが、われわれだと思っています。でも、日本も決してあきらめないチーム。クロアチアと日本はメンタルも戦い方も似ている。同じ成功のフォーマットをもっていると思います」

さらに、印象的だったのがグバルディオルの受け答えだ。

「私にロシア（ワールドカップ）での経験はないが、90分間でなるべく決着をつけたいと思っています。そのために日本戦では監督の要求することをきちんと表現したい。代表に入れば（マテオ・）コバチッチや（マルセロ・）ブロゾビッチ、（ルカ・）モドリッチがいる。とくにモドリッチにとって、これが最後の大会ではないことを願っています。彼には4年後も出てほしいと思っています」

プレーもそうだが、20歳とは思えない立ち振る舞いと落ち着きを感じた。偉大な先輩を立てながら、この場に立てていることに感謝の気持ちも述べており、こういう人間が次なる世代を担っていくのだなと感心した。

クロアチアの会見のあとに、森保一監督と長友佑都が壇上に座り、日本代表の会見が行われた。

「明日は必ずクロアチアを破って、新しい景色を見たいなと思います。そしてまた、大きな声で『ブラボー』と叫びたいなと思っています」

長友の言葉に心が震えた。われわれも叫びたい。

2022年12月5日、ドーハより南のアル・ワクラにあるアル・ジャヌーブ・スタジアム。日本サッカー界初のワールドカップベスト8進出をかけてクロアチア戦が行われた。

「スペイン戦もそうでしたが、負けたら終わりというメンタリティーではなく、勝って次のステージに行くんだというメンタリティーを全員がもっている」

前日に語っていたGK権田修一の言葉を思い出しながら、メディアバスに乗ってスタジアムに向かった。

歴史の証人となれるのか、それともまた同じ悔しさを味わうのか。メインメディアセンターから30分ほどバスに揺られるうちに、スタジアムの外観が見えてきた。

アル・ジャノブ・スタジアムはきれいな流線形のスタジアムで、ルサイルスタジアムようにきらびやかではないが、落ち着いた雰囲気をもっている。

試合前にサポーターと接する機会がなかったこともあり、スタジアムの外観から決戦前の静けさを感じた。

記者席に着くと、これまでの日本の3試合と違って、両隣が日本人ジャーナリストではなかった。隣のオランダ人記者は落ち着いた表情でパソコンを打っていたが、正直、私は落ち着かなかった。

ピッチ上には日本とクロアチアの国旗が広げられると、会場のボルテージは一気に上がった。いよいよ選手たちが決戦のピッチに入場してくる。

期待と不安と高揚感を抱えながら、クロアチア戦の火ぶたが切って落とされた。

日本はスペイン戦、体調不良でベンチ外となった久保建英の位置に堂安律、累積警告で出場停止になった板倉滉の位置に冨安健洋、田中碧の位置に遠藤航を起用した。

クロアチアはダイナミックな展開をメインとしながらも、落ち着かせるところは抜群の技術の高さを発揮してテンポを意図的に落とす。特にグバルディオル、モドリッチ、コバチッチが出す攻撃のスイッチとなるパスは脅威で、スピードと強度が高くてかつ正確。一気に懐に突き刺して、そのほか前線の選手らがさらにえぐり込んでくる。破壊力という面では一撃の怖さがクロアチアにはあった。

完全に主導権が相手に渡っていたドイツ戦、スペイン戦とは違う不気味な感覚。これこそがクロアチアが強国たるゆえんなのだとまざまざと感じた。

そして、43分についに試合が動いた。

右からのコーナーキック（以下ＣＫ）を堂安が鎌田大地にショートパスでつなぐ。鎌田から伊東純也を経由して再び堂安へ渡り、堂安がクロスを送り込んだ。

この瞬間、中央で谷口、吉田麻也の姿が見えた。谷口にはわずかに合わなかったが、吉田が足でボールを落とし、これに前田大然が飛び込んでゴールに叩き込んだ。

日本先制。だが、まだ安心できるような時間帯ではない。

日本がいかに全体でコンセンサスをとって試合を運んでいけるか。ここからが、上に行くための力を試される時間となった。

その後のクロアチアの反撃を冷静に対処し、1－0の状態でハーフタイムに入った。リードしているだけで、まだ半分を消化したにすぎない。

クロアチアは前回大会の決勝トーナメントにおいて2試合連続のＰＫ戦を制し、準決勝のイングランド戦では延長戦で勝利していた。過去を見ても接戦を持ち前の粘りでものにしてきた。クロアチアがこのままで終わるはずがない。

後半、やはりクロアチアの底力を見せつけられてしまった。

55分、クロアチアはモドリッチを中心にハーフウェーライン付近でポゼッションをしながら揺さぶりをかけると、右サイドのＤＦデヤン・ロブレンがフリーでクロスを上げた。

ロブレンの右足から放たれたクロスは、中央に飛び込んだペリシッチの頭にドンピシャリ。伊東も戻りながら競り合おうとしたが、圧倒的にペリシッチのほうが体勢がよく、なす術がなかった。

これで試合は振り出しに戻り、勢いに乗ったクロアチアが猛攻を仕掛けてきた。

64分に森保監督は長友佑都に代えて三笘薫を、前田に代えて浅野拓磨を入れ、フレッシュなスピードアタッカーを使ってもう一度、前線からの激しいプレスと高速カウンターが出せるようにした。

それでもクロアチアは攻め手を緩めない。66分に吉田麻也のクリアボールを拾ったブロゾビッチがペリシッチとすれ違いざまにヒールパスでボールを送ると、これをペリシッチがコントロールして左足ミドル。これは危機察知能力を働かせた守田英正がすんでのところで身体を張ってブロック。

その直後にも、クラマリッチがカットインからミドルシュート。シュートコースに入っていた守田に当たって軌道が変わったボールを、ゴール前でFWアンテ・ブディミルがヘッドで狙うが、これはわずかに枠の外。

一瞬も気が抜けない緊迫した展開のなかで、77分に冨安が見せたスーパープレーには興奮させられた。

ハーフウェーライン付近、左サイドからの三笘のスローイングを吉田がトラップするも、それをクロアチアのFWブディミルに完全に狙われていた。吉田のトラップと同時に加速したブディミルは足を出してボールに触れ、そのまま左でフリーだったFWペリシッチへパスを通した。

攻守が入れ替わった瞬間だった。

勝敗の分かれ目ともいえる場面を見逃さなかったのが冨安だった。

自分とクロアチアの選手たちの立ち位置を確認し、ペリシッチの狙っているドリブルコースを見極めた。

並のDFだと、攻撃時間を遅らせようと間合いをとりながら下がってしまい、相手に自由にボールをもたせたり、ずるずるとラインを下げたりするなかで、冨安はペリシッチを視界に捉えたまま、ゆっくりと下がりながら、相手が加速してくる瞬間に自身も加速できるような細かい身体の向きとステップワークを見せていた。

中、縦、ミドルシュート、どのパターンにも対応できる完璧な守備陣形をひとりでつくりだしたのだ。冨安の完璧といえる対応に、名手ペリシッチも困惑していた。冨安にすべての手を封じられたからだ。

だが、ペリシッチはそこから世界トップレベルの判断をする。３つの選択肢を常に冨安にチラつかせて駆け引きをしながらペナルティーエリア手前の位置まで運ぶと、これ以上は時間をかけられないと判断し、左アウトサイドで少し左にもちだしてから、冨安に間を与えないスピーディーかつシャープなスウィングで左足ミドルシュートを狙った。

しかし、冨安はそれを完全に読みきっていた。ペリシッチが重心を移動させた瞬間に、シュートにくると判断し、シュートの瞬間にスッとコースに右足を差し出した。

シュートは確実にゴールの枠を捉えていたが、ボールは冨安のつま先に当たってわずかにコースが変わり、左へ外れていった。

冨安が触ってからのボールの威力や軌道を見ても、いかにペリシッチが放ったシュートが強烈で、試合をひっくり返されていた可能性が高かったかがわかる。〝三笘の1ミリ〟に次ぐ、〝冨安の数センチ〟といってもいいほどのスーパープレーだった。

冨安が世界のトップレベルで揉まれた力を最大限に発揮したシーンだった。

両者一歩も譲らない状態のなか、87分に日本は堂安に代えて南野拓実を投入。それでもスコアは動かぬまま、後半終了のホイッスルが鳴った。一進一退の攻防は90分間でも決着がつかず、延長戦にもつれ込んだ。

「やはりこうなってしまったか」という印象だった。

ふと斜め前のクロアチア人記者に目をやると、ひとりが肩を上下にして緊張をほぐすような仕草をしていた。

「勝ってくれ」と思っているのは相手も同じ、そして息をもつけない展開で落ち着かない気持ちも一緒。これぞ一発勝負の決勝トーナメントの醍醐味ともいえる緊張感が、ピッチだけでなく、記者席にも漂っていた。

延長前半開始から攻勢に出る日本。三笘と浅野が果敢にゴールに迫るが、グバルディオルを軸にしたクロアチア守備陣に強固な壁を築かれる。

104分には自陣で縦パスをインターセプトした冨安が、左のスペースにボールを出すと、それを三笘が受けて得意の高速ドリブルを繰り出す。

三笘が緑のピッチの上をぐんぐんと加速してボールを運んでいく姿に、大きな歓声が沸き起こった。日本の期待を一身に背負ったドリブル。三笘は中へと切り込んでいき、相手ペナルティーエリア手前で右足を一閃。ゴールに向かって一直線に伸びた弾丸ライナーだったが、GKリバコビッチに阻まれてしまった。

あっという間の15分間を経て、勝負は延長後半へ。だが、延長後半の15分間は、ほぼクロアチアの最後の猛攻にさらされる苦しい展開となった。

115分を過ぎると完全に自陣でブロックをつくる日本に対し、クロアチアは圧倒的なポゼッションでこじ開けにかかった。

だが、日本は誰も足を止めることなく、集中力を切らすことなかった。

延長後半アディショナルタイム1分を経過し、タイムアップのホイッスル。この瞬間、私は天を見上げた。顔を下ろすと、斜め前のクロアチアの記者は2人とも祈るように両手を合わせていた。

勝負はついにPK戦までもつれ込んだ。

日本のＰＫ戦は見たくなかった。

１２０分間の死闘を繰り広げたあとに、ＰＫ戦で明暗が分かれる。勝者になれればいいが、敗者になったときは残酷な現実となる。

後から映像で見たが、インターネット中継で解説を務めた本田圭佑が、自身が出場した南アフリカ大会ラウンド16のパラグアイ戦でのＰＫ戦負けを踏まえて、「次はもう……勝たせてよ」と口にした言葉が、応援していた日本人の総意だろう。

ベンチ前の円陣の中央にいた森保監督は、キッカーを立候補で募ったという。

最初に手を挙げたのが南野だった。水分を補給しながら、覚悟を決めた表情で１番手として左手を挙げ立候補すると、その姿を見た三笘が右手で２の文字を出して２番手のキッカーに名乗りを挙げ、そこから浅野、吉田、遠藤と順番が決まっていったようだった。

ＰＫ戦で使うゴールは日本のサポーターが陣取る側に決まった。センターサークル内に並んで準備をするとき、南野、浅野はスパイクの裏についた土を手で取っていた。おそらく踏み込んだ際に滑らないようにしていたのだろう。

先攻は日本。１人目の南野がゆっくりとペナルティーマークに歩いていく。

ここから私は正直、直視することができず、スタジアムの天井を見つめていた。

一瞬の静寂の後に歓声が起こった。日本側ではない、反対側から声が聞こえたように感じた。

嫌な予感を覚えながらピッチを見ると、南野はゴールを背に仲間のもとに戻りながらユニフォームで両目を押さえていた。その姿で何が起こったのかはすぐにわかった。

胸が締め付けられる思いだった。

後攻のクロアチア1人目ブラシッチのキックはネットを揺らした。そして、2人目はこれまで何度も日本を救ってきた三笘だったが、これもGKリバコビッチによって弾き出されてしまった。

2連続の失敗。正直、言葉が出なかった。現状は受け入れ難かったが、勝負の世界に待ったはない。クロアチア2人目のブロゾビッチがど真ん中に突き刺し、日本も3人目の浅野がGKの逆をついて成功。

クロアチア3人目のMFマルコ・リヴァヤのキックが左ポストを直撃し、なんとか首の皮一枚でつながったが、日本の4人目の吉田のキックは、GKの手に弾かれた。

日本の選手たちに目をやると、三笘は両手で顔を覆っている。その隣で田中が三笘の肩を抱えている。絶対に見たくなかった光景が広がっていた。

そして、クロアチア4人目のパシャリッチのキックがゴールネットを揺らした瞬間、日本のカタールワールドカップが幕を閉じた。

勝負が決した瞬間、南野は力なくその場にひざまづいた。三笘は両手をついてうなだれた。谷口は天を仰ぎ、浅野はうずくまって号泣している。その姿がだんだんにじんで見えてきた。仰向けになって泣いている三笘と、そこからずっと離れない田中の姿や、うずくまったまま動かない南野を長友が必死で慰めている姿に、悔しさや労いなどいろいろな思いが込み上げてきた。

森保監督が選手を集め、最後の言葉をかける。その一方で、クロアチアの選手たちが集合写真を撮りながら喜びを爆発させている。

ピッチ上では無情なコントラストが描かれる。勝者がいれば敗者がいる。勝者は次なるステージを見据え、敗者は新たなリスタートを切る。

そう、彼らにはもう次の戦いが待っている。この経験はすぐには消化できないが、日本サッカー界の財産として前進と成長につなげないといけない。

## それぞれが見えた風景

なかなか記者席から動けなかった。斜め前には喜びに沸くクロアチアの記者たち。その姿を茫然と見ていると、突然肩を叩かれた。ふと隣を見ると、オランダ人記者が私の肩を叩いて、慰めの言葉をかけてくれた。

「日本はよく戦ったよ。素晴らしいインパクトを残してくれた。次はもっと強くなっていることを期待しているよ」

ジャーナリストもサッカーを世に伝える仲間であり、戦っている。お互いのこれからの健闘を祈りながら、私は記者席をあとにした。

ミックスゾーンに向かう足取りは重かったが、コスタリカ戦と違って早く選手たちの表情が見たかったし、コメントを聞きたかった。

堂安がユニフォーム姿でやってきた。悔しさをにじませながらも、彼らしくしっかりと自分の思いを言葉にしていた。

「正直、正しい言葉が見つからないんですけど、国民のみなさんに申し訳ないです。素晴らしいかたちで（試合に）臨めて、前半からアグレッシブにいけて……。でも、あの失点から疲れもあって少しギアを上げきれなかった。自分も何とかしようとしましたが、できませんでした。4年後もあるかもしれませんが、この26人で戦えるのはこれが最後。いま、この場で『切り替えて4年後頑張ります』と安易に言えるような感情ではありません」

堂安は鋭い目は残しながらも現状を整理しきれていないことがヒシヒシと伝わってきた。その一方で、クロアチアの脅威を正直に口にした。

「失点後にみんなの顔を見たら、少しここからギアを上げるような雰囲気がなさそうな表情だった。それはやる気とかそういうものではなく、疲労とクロアチアから感じる圧力のためだったと思います」

必死に言葉を紡ごうとしている様子をボイスレコーダーで録音しながら、ふと彼の足元を見て私は言葉を失った。

両足首にはソックスの上に白いサポーターが巻かれているが、右足首から3つの血痕が浮かび上がっていた。おそらくスパイクで削られてできた傷から出血しているのだろう。

この3つの血痕を見たとき、クロアチア戦のピッチ上の激しさをまざまざと感じたし、選手たちが本当に命を削りながら勝利のためにぶつかっていることをあらためて感じた。

「もちろん夢の舞台だったので、今までにないアドレナリンが出ていたし、高揚感を感じながらやれた。嬉しさと、いい思い出が多い大会でしたが、逆に憎いなと思う大会でした。ここで負けてしまうのは残念です」

そう話した堂安に、私は「世界とのわずかな差と言われながら、あらためてここで感じたわずかな差って何でしょうか?」とストレートに聞いてみた。すると、彼は大きく息を吸って吐いてからこう口を開いた。

「わからないですね……。そのわずかな差があったからこそ、僕らはドイツとスペインに勝てた自信はありますし、ただ4回目のベスト16の敗戦は〝運が悪かった〟だけではすまないと思うので、何か足りないのだと思います」

喜怒哀楽。エモーショナルであり続ける彼の初めてのワールドカップは、また新たなエネルギーの源となるのは間違いない。

「PK戦は自分がそこで（交代によって）PKを蹴る資格はなかったわけですし、自分が本当にエースになりたいのであれば、あそこでピッチに立っていないといけないと思います」

感情が渦巻くなかでもしっかりと自分と現状を見つめられる堂安に、頼もしさと芯の強さを感じた。彼はここから日本のエースになる義務がある。「冗談抜きで優勝を目指しています」という言葉をより現実のものにするために。

三笘もユニフォーム姿のまま、呆然とした表情でうつむきながら、必死で言葉を紡ぎ出していた。

「……勝たせたかった。チャンスのところで行ききれなかったことは悔いが残ります。流れを変えることができなかったのは本当に悔しいし、実力です。シュートのところも簡単にセーブされてしまいましたし、もっと精度を上げないといけなかった。今大会は自分の役割を全うしようとしたけど、悔しさしか残らない。覚悟をもって入ったつもりでしたが、足りなかったと思います」

目を真っ赤にして涙をこらえていた彼の口から、実力不足という言葉が何度も出た。

そして、ＰＫについては絞り出すようにこう口にした。

「ベテランの選手も含めいろんな思いをもっているなかで……自分が蹴るべきだったのかなとちょっと思います」

だが、三笘を責める人間はいない。彼がいることでどれだけ日本が助けられたか、どれだけ希望をもつことができたか。

「次こそは僕が、という気持ちは当然あります。そういう存在にならないといけないと思います」

有言実行の人生は、これからも続くだろう。自分への問いかけと自分への希望とともに。

ミックスゾーンを後にする三笘の背中は、より大きく見えた。未来をはっきりとその目に捉えているからこそ、彼はここからさらなる飛躍を見せてくれるだろう。より日本にとって頼もしき存在として。

「クロスが上がったときに、トミと自分のちょうどマイナスのところで合わされてしまったので、悔しいですね」

そう失点シーンを悔やんだのは、伊東だった。彼も谷口と同じで29歳で初ワールドカップと〝遅咲きの花〟だった。

彼が進んだ神奈川県立逗葉《ずよう》高校の3年間では全国に縁がなく、神奈川大学では最初の2年間は1部リーグにいたが、3、4年生はずっと2部リーグ所属だった。

逗葉高校は、1997年度の第76回全国高等学校サッカー選手権大会に出場して以降、分厚い私立高校の壁に弾かれて、県内で結果を残せていなかった。

伊東の年代も例外ではなかった。だが、逆に勝利を義務づけられていないぶん、のびのびとサッカーを楽しみ、ひとりで何役、何ポジションもこなすことで、持ち前のスピードを磨けたことがのちに大きな強みとなった。

スピードでの単騎突破に磨きをかけた結果、強烈な武器をもった選手として注目され、複数の大学から声がかかった。地元の神奈川大に進学した彼のドリブル突破は猛威を振るい、大学3年生になると関東大学サッカーリーグ2部で得点王とベストイレブンを受賞。4年生でも2部でアシスト王、2年連続ベストイレブンに輝くなど、メキメキと頭角を現した。

私は大学時代の伊東のプレーを観ているが、ボールをもってからのスピードがずば抜けて速かった。彼のドリブル突破は直線的だった。スラロームするのではなく、一本の直線でゴールやアシストにもちこんでいく。そして、直線の先でもプレー強度が落ちないことが彼の最大の特徴だ。スプリンタータイプのドリブラーはどうしてもフィニッシュワークのときに疲労などの要因でプレー精度を落とすが、彼は強度を維持したままプレーを完結させてしまう。

それでも当時は彼が日本代表の主軸になってワールドカップに出場するとは思ってもみなかった。

だが、彼はヴァンフォーレ甲府ですぐに頭角を現すと、1年目からJ2リーグで30試合に出場。翌年にはJ1の柏レイソルへ完全移籍。そして柏でも不動の存在となって、ベルギー1部リーグのKRCヘンク、フランス1部リーグのスタッド・ランスへ完全移籍とステップアップ。29歳にしてサッカー人生の旬を迎えている。

コツコツと力をつけてステップアップを重ねてきた人生。ベテランの域に差し掛かっているが、彼のスピード、一瞬のキレ、フィニッシュワークの強度は衰えるどころか、その質も含めてさらに進化をし続けている。クロアチア戦のミックスゾーンで、そのことを言葉で証明していた。

「(延長戦でも) まだ走れると思ったので、もっと仕掛けたいと思っていました。相手のサイドバックが疲労で足をつりかけていたので、うまくボールを受けられたら行けると思っていたのですが、ルーズボールをうまく拾えないで、なかなかボールを受けられないまま延長戦が終わってしまったという感じでした」

世界最高峰の120分間の激闘を戦い抜いても、「まだ走れる」と言いきれるすさまじさ。まさに、大器晩成の象徴的な存在である伊東ならば、ここから先、またさらに進化をしてみせるのではないかと、大きな期待を抱かざるをえない言葉だった。

浅野がミックスゾーンに姿を現した。

PK戦では日本で唯一、キックを成功させたが、ドイツ戦のゴール以降は、結果を残すことができなかった。4試合すべてに出場したが、先発出場はゼロに終わった。受け答えをする浅野からは、自らのプレーに対し、怒りを覚えていることがヒシヒシと伝わってきた。

「素直な気持ちは悔しい。情けないと正直思ってしまいましたね。最後は特に。全部やったうえで、『自分はこんなもんか』と思い知りましたね。自分はまだまだへたくそやなとあらためて感じました」

彼は苦しいときほど、力強く嘘偽りのない思いを口にしてくれる。

思えば浅野は大会直前に怪我から復帰したばかり。最初はまだフレッシュな状態だったが、試合を重ねるごとに復帰直後でフィジカルが上がりきっていない影響がどんどん出てくる。以前、プロ選手の怪我の治療とコンディショニングを担当しているトレーナーに話を聞いたときに、

「怪我から復帰してすぐのときはまだ疲労が残っていないぶん、身体はいうことをきくが、だんだん負荷がかかってくると一気に身体が重くなって、いうことをきかなくなってくる」

そう教えてもらった。

もしかすると、今大会の浅野はその状態に陥ったのかもしれない。

最後は納得いくものには到底及ばなかった。だが、努力の先にあった喜びの景色がドイツ戦でたしかに見えたからこそ、沈んだときにその景色が自信と勇気を与えて、現状を跳ね返す力の源となる。

「満足のいく結果は優勝しかないわけで、それができていない限り悔しさの繰り返しだということもわかっています。じゃあ、それであきらめるかといわれたら、そうじゃない。このカタールでの経験のひとつの答えが、いつかまた取材してもらえるときにどれだけ生きているか、成長につながっているか再確認できるように自分がやるだ

けかなと思います」

彼に、「次のワールドカップ出場というチャンスもあると思います」と伝えると、「もちろん」と即答した。

信じる力は偉大であり、何より自身を動かすエネルギーとなる。

「信じないとやり続けられないと思うし、やり続けないと結果は出ない。でも、それをわかっていてもなかなかできない人が多いなかで、自分はどうするべきかを考える。その思考によって選択肢が生まれて、あとはそれをやるかやらないかだけの話なんです。僕は小さいころから『やり続けていたら何かが起こる』という経験を何度もしているからこそ、歩みを止めることはしません」

こう語る浅野に、高校2年生のときに発した、「俺はあきらめの悪い人間になりたい」という発言について聞いた。懐かしそうな表情を浮かべた彼は、少し考えてから、こう口を開いた。

「その言葉どおりにやれているのかなと思います。その発言をしたときも、僕は嘘をついていないと思う。もし、今回、ワールドカップのメンバーに入っていなくても、僕のなかでは続いていると思います」

あきらめの悪い男の物語はまだまだ続く。

「いま経験していることは、僕からしたら、すべて過程なんです。ワールドカップ出場という夢はかなっているけど、その夢もあくまで過程でしかない。その過程を正解か不正解かなんて、人生の最期にしかわからない。だからこそ、そのときに『正解だったな』と思えるような生き方をしたいんです」

遠藤航は非常に落ち着いたトーンで試合を振り返っていた。

私は全体の囲みのあとに思わず、「この激戦のあとにここまで達観して話せるのはなぜですか?」と、彼に聞いた。

「そうですね、意外と落ち着いてしまっているというか、もちろん悔しさはあるのですが、試合をやりながらも思うところはあって、試合後だから頭が整理されていないというのはないですね。これは言っても人生の一部であって、まだまだ次にやらないといけないことがあることに変わりはないので、切り替えるしかないのが正直なところです。仕方がないですね」

遠藤はドイツ・ブンデスリーガでも〝デュエル王〟として名を馳せ、今大会も鋭い寄せと巧みなボール奪取、身体を張ったディフェンスで日本のピンチを何度も救った。

どんなときも相手の狙いや意図を敏感に感じとって、それに瞬時に対応していく頭脳と犠牲心をもっていないと、彼のプレーはなしえない。常にアンテナを張り、入ってくる情報と自分の状況を照らし合わせながら、情報処理をしている選手だけに、激戦のあとはいつもクールで頭が研ぎ澄まされている。この領域に至るには相当な苦労と努力があった。

遠藤を語るうえで忘れられないシーンがある。

２０１０年10月、中国で開催されたＡＦＣ Ｕ－19選手権に参加するＵ－19日本代表に、彼はチーム最年少として出場をした。ＤＦとしてレギュラーポジションを確保し、全勝でのグループリーグ1位通過には貢献したが、Ｕ－20ワールドカップの出場権をかけた準々決勝の韓国戦で、地獄を見ることになった。

この試合でも先発出場した遠藤は、この試合でも先発出場した遠藤だったが、韓国は、当時１７６センチメートルの彼に対して、長身ＦＷ２人を当てて、シンプルにロングボールを何度も蹴り込んできた。

必死に対応する遠藤だったが、２点をリードして迎えた31分、ハーフウェーライン付近から送り込まれたロングボールに対して、彼はこれをダイレクトで弾くのではなく、ペナルティーエリア内で大きくバウンドさせてしまい、そのまま相手ＦＷにヘッドでアシストさせてしまった。その後のＣＫでも競り負けてしまい、同点にされる原因をつくってしまうと、さらにロングボールの対応で後手に回り、ファウルで３点目につながるＦＫを与えてしまった。試合はそのまま２－３で終わり、Ｕ－20ワールドカップ出場を逃す結果となった。

試合後の遠藤は完全に打ちひしがれていた。

「もう混乱というか、完全にのまれてしまいました……相手の高さと強さに対応できなくて、それがすべて失点につながってしまった……。チームに迷惑どころか、世界への道を閉ざしてしまった。本当に悔しい」

頭のなかが整理できず、こちらが声をかけるのもつらくなるほど、彼は顔面蒼白だった。一方で相手の監督はこう話した。

「日本のセンターバックの身長がそこまで大きくなかったので、セットプレー、クロス、ロングボールを活用して、ツートップの高さとキープ力を軸に攻撃しようと強調した。展開を見ていて、いくらでも逆転は可能だと思っていた」

彼にとって、選手としての自信を失いかねないような試合だった。

しかし、ここから飛躍的な成長を見せた。

「落ち込んでいる暇があったら、練習するしかないんです。たしかに、あの試合は僕のミスで負けましたが、次に進まずに立ち止まっていたら、それこそ自分は何やっているんだ

となる。競り負けたのなら、競り勝てるようにすればいい。簡単に相手にやらせないように、身体の当て方や、ポジションの取り方を工夫すればいい。絶対にあんな悔しい思いはしたくないので、自分の成長を信じてやるべきことをやるだけです」

日本に帰国してからこう話した彼の目には、強い意志が宿っていた。ないものを嘆くのではなく、あるものを磨いていく。自分の心技体を鍛え上げ、さらなる武器に変えていった。

「空中戦は相手の飛ぶタイミング、姿勢や身体の向きをしっかりと見て、そこから相手を上回れるタイミングで自分も体勢やステップを整えて競りにいく。DFのときはよりその意識が重要になるし、MFだと後ろに味方がいるので、相手を自由にさせない競り方になる。状況やポジションを見ながら、考えて対応している」

この言葉を口にしていたときは、湘南ベルマーレから浦和レッズに移籍し、不動の

存在となっていた。

ＭＦとＤＦの両方でトップクラスの実力をもつ選手に成長を遂げた彼は、ここからボランチとして、ヨーロッパでさらなる存在感を放つようになった。そして、日本の中盤の要として今大会を戦い抜いた。

「ずっと大事にしてきたのは、常に周りから信頼される選手になること」

強い人間はつらい経験をすると、それを乗り越えようと未来に希望を見出して前進する。この輪廻が、その人間を強くし、成長させていく。遠藤のサッカー人生はまさにこの輪廻のなかにある。

「若い選手や、勢いのある選手が入ってくるなかで、ワールドカップの難しさを知っている麻也さんが、チームをまとめながら、選手と監督とのコミュニケーションをとってくれた。僕もどれだけサポートできたかわからないですけど、そこは見習いたいと思います」

選手としても人間としても、素晴らしい統率力をもつ彼のこれからに私は期待を抱かざるをえなかった。

各年代でキャプテンを務めてきた偉大なリーダーとして、そして年齢は違《ちが》えども同じ誕生日の身として、大きなリスペクトを抱く彼の表情は頼もしかった。

少し顔面蒼白のように見えた冨安は、クロアチア戦の結果について言葉少なにこう口《くち》にした。

「本当に……まだまだだと思います」

この先のビジョンについて話が及ぶと、彼は正直な胸の内を語った。

「わかんないんですよね、先のことを見る感情にはなれないですし……。個人的に本当によくなかったので、本当に何かしようもないというか、『何やっているんだろう』という気持ちが強いぶん、先を見られないというか、『どうしたらいいんだろう』という感じです。今日も含め、トップパフォーマンスを出した試合はなかったですし、怪我もあって、なんか嫌になりますね……本当に。今はよくないサイクルなんだろうなとは思いますけど、わかんないですね。やり続けないといけないということはわかっていますけど……」

はたから見ても、彼にとって初のワールドカップの舞台が本当にほろ苦いものになったことは間違いなかった。

思えば、彼も堂安と同じで、16歳のときに日本代表として大きな挫折を味わっている。前述したが、2014年のAFC U-16選手権の準々決勝の韓国戦で、イ・スンウに抜き去られてしまった張本人だ。

「本当に自分が不甲斐ない。完全にあれは僕の判断ミス。自分が行くべきかどうか迷って中途半端な対応になってしまった。絶対に世界に行きたかったのに、自分のミスで行けなくなった。もうこんな悔しい思いはしたくない」

韓国戦後に唇を噛みながら世界への思いを口にした冨安は、

「やっぱり世界に出ていかないといけないと思います」

と、早い段階での海外移籍を心に決めたのだった。

3年半後の2018年にベルギーに渡ると、イタリアを経て、2021年8月にイングランドの世界的な強豪クラブであるアーセナルへ完全移籍。1年目から活躍をし、いまや日本でいちばん世界のトップレベルにいる選手となった。まだ年齢も24歳で、今大会だけでなく、今後も日本の中軸としての期待も大きい。

しかし、大会直前に負傷した影響で、万全のコンディションではないままワールドカップがスタート。初戦のドイツ戦では途中出場で勝利に貢献をしたが、その試合でもコンディションが万全でないことは感じとれた。

コスタリカ戦は出場をせず、スペイン戦でも2－1で逆転してからの68分に出場。先発出場はクロアチア戦が初めてだった。それでもこれまで鳥肌が立つようなプレーを何度も見せてくれた。だからこそ、万全の冨安をカタールの地で見たかった。

冨安は「ベスト8の壁はどんなものだったか」という問いに対しても、素直な胸の内を明かした。

「……わからないです。それは日本人の育ってきた環境など、サッカー以外のところでもそうですが、その根っこのところ（の問題）かもしれない。でも、それを差し引いても勝たないといけなかった。何かを変えていかないとこれだけ破れていない壁なので。まあでも……いまはちょっと先のことは考えられません」

センターバックとしてコンビを組んできた吉田は34歳。今回のモドリッチのように次のワールドカップも狙えないことはないが、このチームを牽引した長友ら30代中盤以降の選手たちは今大会が最後の可能性は低くない。

昔から心優しく、恩義を大事にする冨安は、感謝の気持ちを忘れなかった。

「先輩たちからは本当に学びました。なかでも吉田選手は間違いなく僕を成長させてくれた選手ですし、ピッチ外もそう。本当に感謝しています。だからこそ、教わったことを実際に表現できなかったという面では、本当に物足りないですね」

そう自分にベクトルを向けていた。冨安は素直に自分の思っていることを話し、言葉にできないときは素直に言う。ときにはそれが素っ気なく聞こえてしまうかもしれないが、中途半端なことは言わないし、きれいごとも言わない。いま思っているリアルな感情を口にしている。

だからこそ、彼がクロアチア戦後に発した言葉の意味は重かった。彼ですら整理できない、把握しきれていない極限の状態だった。

彼がわからなかったことは、いつ自分の目に写るようになるのか、見えなかった先の景色はいつどこではっきりとし、それはどのような色彩を放つのか。

でもきっと、彼ならば見つけるだろう。そのときに見えるものこそが、日本サッカーに必要なものであり、重要なものになるだろうと感じた。

選手のリアルな姿を目の当たりにした取材を終え、スタジアムの外に出ると、試合前の喧騒は過ぎ去り、試合の結果も相まって寂しさがこみ上げてきた。

日本代表の戦いはこれで終わったが、日本のサッカーはまだまだ続く。立ち止まっている時間はない。選手たちにとってここが人生のゴールではない。次のワールドカップにどうつなげていくか。それぞれのストーリーがここから始まっていく。

この悔しさを経験した選手と、今大会を画面越しに見て刺激を受けた選手たちが競争を重ねて、目標に向かってしのぎを削る。

私はアル・ジャノブ・スタジアムをあとにした。


クロアチア戦の翌日、今回の日本代表の最後の取材をすべく、アルサッドのベースキャンプに向かった。

あの激闘から一夜明けたなかで、選手たちは何を語るのか。

「結果がすべてなので、それを真摯に受け止めて、それぞれがこの結果を自分なりにしっかりと消化して、次に進んでいかないといけないなという気持ちでいます」

谷口は引き締まった表情でこう口にした。続けてどんな進化をしていきたいかという問いに対して、彼はこう答えた。

「僕は年齢的にも、ある程度ベテランといえるところにいますが、それでもまだまだ成長できると感じますし、もっともっと上を目指したいという気持ちをもっているので、この気持ちを大事にして、常に挑戦をしながらやっていきたいと思っています。ワールドカップを経験して思ったのは、もっと攻撃に人数を割けるようにならないと、トップ8には入っていけないということ。そのためには、DFが1対1で守りきれる、恐れない、同数や数的不利の状況でもひとりで守りきれるくらいの選手に進化しないといけない。だから僕も、進化しないといけない」

このコメントから約3週間後の12月末に、谷口はカタールのアル・ラーヤンに完全移籍をした。強い覚悟で下したカタールへの移籍。その先には、34歳で迎える次のワールドカップもしっかりと視野に入っている。

チャレンジは何歳になってもできる、限界を自分で勝手に決めてはいけない。人としても彼の姿勢、発言から学ばせてもらった。

そして、冨安が姿を現した。昨日のミックスゾーンで、「表面上のことではなく、その裏にある細部までこだわれるか」「まだ先は見えない。わからないです」と口にしていた冨安は一夜明けても、まだ気持ちの整理がついていないように感じた。

「何を話しても昨日と同じになってしまうと思います。若い選手たちも多いので、そういう選手たちで新しいものをつくっていかないといけないと思っています。当たり前のレベルが上がれば勝てる集団になると思いますし、表面だけじゃないところをどれだけこだわることができるか。それは目に見えない部分かもしれませんが、そこを怠るか怠らないかで結果が変わってくると思います。本当に自分はまだまだなんだと思います」

思い知った現在地。それはすべての選手に当てはまる。

さらなる成長を求めて、日本のカタールワールドカップは幕を閉じた。

# 第8章
―
# 重責を背負うエース

## PKの1番手

勇気ある立候補だった。

日本初のベスト8進出をかけたラウンド16のクロアチア戦。延長戦でも決着がつかず、もつれ込んだPK戦。

PK戦前、円陣の中心にいた森保監督はキッカーを立候補で募った。

すぐに手を挙げる選手はいなかったが、しばらくして、最初に手を挙げたのが南野拓実だった。

だが、南野のキックは、クロアチアのGKドミニク・リバコビッチの手に収まった。

続く2番手の三笘薫、4番手の吉田麻也が外し、日本のラウンド16での敗退が決まった。

試合後のミックスゾーン。

南野は足を止めることなく過ぎ去っていった。

ミックスゾーンの後方にいた私は、彼を呼び止めようと思ったが、その表情を見て、「それはできない」と判断した。

通り過ぎていったということだけを切り取ると、否定的な捉え方をされてしまいかねないが、彼にはそれくらい精神的に整理できないものがあったのだと思う。

実際、その翌日のメディア対応では、しっかりと自分の思いを口にした。

「(ミックスゾーンで立ち止まらなかったのは) みなさんに申し訳なかったからです。正直、整理できない部分もありましたし、しゃべると抑えきれない気持ちが出てしまいそうで……。このような機会があることは聞いていたので、ここでちゃんとしゃべろうと思いました」

真摯に受け答えをする南野。整理のつかない部分とはどのような部分なのかと問われると、少し間を置きながら、思いを語った。

「どんなもの……昨日は、間違いなく自分が生きてきたなかで、最悪だった日なので……なんやろ、表現するのは難しいですね」

思えば、彼にとって初のワールドカップは、とても苦しいものだったかもしれない。

小さいころから、彼は〝日本の将来のエース〟として、大きな重圧のなかでプレーしてきた。結果を出せば出すほど、その期待値は大きくなり、それでも彼はその期待に応えてきた。

だが、少しでもその期待を下回る結果が出ると、誰よりも叩かれた。

そして、香川真司から日本の10番を引き継ぎ、今回のワールドカップに臨んだが、スタメン出場は一度もなく、世間から厳しい声が聞こえてくる状態だった。

彼が14歳のときから取材をしてきた自分としては、どんなに苦境に立たされたときも、「彼がこのままでは終わるはずがない」と思っていた。カタールでもそう思った。

大阪府泉佐野市出身の南野は、小学校時代に地元クラブのゼッセル熊取でプレーしていた。当時からコーチに1対1を挑み続け、負けたら全身で悔しがるなど、負けず嫌いのサッカー小僧だった。中学進学と同時にセレッソ大阪U－15に入ると、すぐにエースとして頭角を現した。

彼は中学時代から〝天才〟と呼ばれる選手だった。華麗なボールさばき、そしてスッとゴール前の危険な場所に顔を出し、軽々とゴールを奪っていく。

2010年6月、当時、高校1年生の彼のプレーを見に大阪まで行くと、彼はトップ下の位置でキレのある動きを見せ、チームの攻撃のリズムをつくっていた。幼さが残る顔だが、ピッチに立つとその目つきの鋭さは一気に増す。

それでいてボールを受ける姿勢がきれいで、相手に囲まれていても動じないメンタリティーは、とても高校1年生とは思えなかった。

また、その1カ月後の全国大会である日本クラブユース選手権では、その風格がさらに増していた。とある試合で相手ＤＦの強烈なチャージをブロックしながら、鮮やかな左足の反転シュートを突き刺した。

「どこからそのパワーが出てくるんだ」

そう思うほど、少し細身な体格とは裏腹に軸がしっかりとしている。私は、ますます不思議な魅力を放つ彼を追いかけるようになった。

印象的だったのが、メキシコで開催された２０１１年のＵ－17ワールドカップだった。当時のＵ－17日本代表の絶対的エースとして、大会前にＦＩＦＡが注目する若手選手にも挙げられるなど、南野は大きな注目を集めていたが、メキシコの地でもがき苦しんでいた。

グループリーグ初戦のジャマイカ戦でベンチスタートとなると、そのまま日本の勝利をベンチから見つめることとなった。絶対的エースであるはずの彼の出番がこなかった。彼の表情を見ると、どこか深刻そうだった。

ジャマイカ戦の翌日に彼に声をかけると、16歳ゆえのストレートな思いを発した。

「調子が上がらないというか、自分のプレーがまったくできないというか……。正直、自分でもよくわからないんです。メキシコに来る前から急に変な感覚になって、いつもやれているプレーができない感じがしてならないんです。自分でもどうしてかわからないのですが、自分らしいプレーが消えているというか、出せないんです……」

U－17ワールドカップのアジア最終予選となるAFC U－16選手権では大活躍を見せて、まごうことなき日本の中心だった。

しかし、いちばんの大舞台で彼はこれまでになかった感覚に苦しめられていた。原因は明らかではないが、〝南野世代〟とまでいわれていた彼にのしかかるプレッシャーからなのか、万全のコンディションでこの大会に臨めていないのは明らかだった。

「正直に言うと……どん底です」

この言葉を11年後にもう一度聞くことになるのだが、16歳の彼は、急に暗いトンネルに入ったような感覚になったのだろう。焦りと自分の現在地がわからない不安が、一気に押し寄せているように見えた。それが、彼の中核にあった自信までも奪ってしまっている負のスパイラルだった。

しかし、裏腹にチームは初戦に勝利をしたことで勢いがつき、ここから日本は快進撃を始めて試合ごとにヒーローが次々と生まれていく。

南野は第２戦のフランス戦では後半の頭から出場するが、ゴールに絡めずに１－１のドロー。グループリーグ突破が濃厚となっていた第３戦のアルゼンチン戦は、３トップの真ん中でスタメン出場を果たしたが、３－１の快勝を収めるチームのなかで、またも無得点に終わった。

「何をしなければいけないか、頭ではわかっているのですが、バタバタしてしまうというか、本当に自分らしいプレーができないんです。でも、チームにこれ以上迷惑をかけたくはないので、自分にやれることを探しながら、それを着実にこなそうと頭を切り替えようとしています」

トンネルは抜けられないが、それでもチームのために笑顔を絶やさず、前を向こうとする彼の姿があった。

決勝トーナメント初戦のニュージーランド戦、４－０と圧倒的な差がついた前半終盤に投入され、後半に待望の初ゴールが生まれたが、これが彼のこの大会のラストゴールになってしまった。

18年ぶりのベスト8となった準々決勝のブラジル戦。南野は初スタメンを果たすが、積極的なプレーが出せずに0－3の75分にベンチに下がった。

皮肉にも、そのあとチームは勢いを取り戻し、最終的には1点差まで詰め寄るが、2－3で敗退を喫した。

試合後のミックスゾーンで、南野は大きく肩を落とし、目に涙を浮かべながらこう発した。

「もう情けないというか、自分に腹が立つというか……。自分がいま、世界のどの位置にいるかが明確になった試合でした。サッカーへの理解もそうだし、すべての技術が足りないと思いました」

おそらく彼は、ここで日本代表として戦う重圧のすごさと、それに対する心構えの大切さを痛感することができたのだと思う。

ブラジル戦の翌日、表情こそ暗かったが、彼は「心の整理が少しできた」と言い、こう続けた。

「自信を失ってしまっている状態で、僕のところにボールがくるはずもないし、チャンスがくるはずもないと思いました。いくら感覚がつかめていなくても、チームのために走って、もっと自分のアクションが増えていれば、周りも僕のことをもっと見てくれたかもしれない。でも、それは終わってから考えました……。それじゃもう遅い。もっともっと成長しないと、もっともっと強くならないと。明日から、この思いは絶対に忘れないように自分の将来につなげていきたいと思います」

この言葉を、彼はその後の人生でしっかりと表現してくれた。セレッソ大阪U－18の試合に行くと、どの試合でも引き締まった顔をして、真っ直ぐにゴールを狙う彼の姿があった。

チームが点差を広げられてしまっている状態でも、彼は愚直なまでにゴールを狙い続け、ロングボールをそのままひとりでもちこんで、一矢報いるゴールを叩き込んだこともあった。

「もうあんな悔しい思いはしたくないので、どんな試合でも結果を出す。どんなに悪くても結果を出す。これを自分に課しています」

## 自分自身への証明

メキシコの地で固めた南野の決意と信念は本物だった。

2013年にトップ昇格を果たすと、プロ1年目で柿谷曜一朗から13番を引き継ぎ、J1リーグ開幕戦ではクラブ史上初となる開幕スタメンを果たしたのを皮切りに、メキシコ後に見せていたゴールへの貪欲な姿勢と足元の技術、そしてドリブルでもパスでも切り崩せる個の打開力を見せた。

Jリーグ初ゴールは、大久保嘉人が記録したクラブのJ1リーグ最年少得点記録を更新。ルーキーイヤーでレギュラーをつかみとってリーグ29試合出場5ゴールをマークし、Jリーグベストヤングプレーヤー賞を受賞するなど、彼の名は全国に響き渡った。

だが、翌2014年は、彼にとってまたしても苦しい1年となった。

1年目のド派手な活躍により、香川真司、乾貴士、清武弘嗣、柿谷と日本を代表する才能たちの系譜を継ぐ者として、若干19歳の彼は周囲の期待を一身に背負った。しかも、この年のシーズン途中の7月に柿谷が海外移籍したため、周囲の期待はより彼に集中してしまった。

思い起こせば、香川と乾は下部組織出身ではなく、ブレイクした時期がほぼ一緒で、注目も二分された。また、清武は育成組織もプロのキャリアスタートもともに大分トリニータで、移籍してきたセレッソ大阪でエースナンバー8を託されたのもプロ５年目だった。セレッソ大阪Ｕ－18から昇格した柿谷も、トップ昇格後にＪ２だった徳島ヴォルティスで２シーズンを過ごしたあと、古巣に復帰してからエースの期待を背負った。

だが、南野はプロ２年目にして、その重圧を背負わなければならなかった。

そうしたなかで、チームは開幕からまさかの低迷を強いられ、７月以降は彼への負担も増大した。２年目で相手から研究されるようになり、ゴールから遠ざかる時間が長くなった。同時に、Ｊ１第20節の川崎フロンターレ戦でようやく初ゴールを挙げたが、その後に彼が重ねたゴールはわずかに１だった。

さらなる試練が彼にのしかかる。10月に彼はＡＦＣ Ｕ－19選手権（ミャンマーで開催）に出場するＵ－19日本代表に選ばれた。〝南野世代〟が集結したＵ－19日本代表で、彼は当然のように、絶対的エースとして期待を一身に背負った。

メキシコのときと違って、この大会で彼は大車輪の活躍をした。中国、ベトナム、韓国が同居するグループリーグで、初戦を落とすという苦しい展開に陥ったチームのなかで、ひとり気を吐き、グループリーグ３戦で日本が挙げた全６得点中、南野が絡んだのは5得点（3得点2アシスト）。

絶対的エースであることを証明する働きを見せたが、U－20ワールドカップの出場権がかかった準々決勝の北朝鮮戦で悪夢が待っていた。

先制を許す苦しい展開のなかで、82分に金子翔太が獲得したPKを南野が決めて同点に追いつくも、延長戦でも突き放せずに勝負はPK戦にもつれこんでしまった。

4人ずつ全員成功で迎えた北朝鮮5人目のキッカーが決めたあと、ペナルティーマークにひとり向かったのは南野だった。

外せばU－20ワールドカップの出場権を失い、決めれば勝利の可能性を残す。ゆっくりとボールをセットすると、張りつめた空気が流れる。このGKに対して2度目のPK。

南野が放ったキックは、北朝鮮GKの手によって外に弾き出され、その瞬間に日本のアジア予選敗退が決まった。

ここまできた立役者だったはずの彼が、たちまち〝悲劇のヒーロー〟となってしまった。

止められた瞬間、南野は両手を腰にやり、呆然とした表情を浮かべた。そして、うつむきながら、ゆっくりと仲間のもとへ歩を進めていった。整列が終わると手で顔を覆い、涙を流していた。

試合後のミックスゾーン。南野は目をまっ赤にしながら真摯に質問に答えていた。

「僕のせいで負けました。僕のせいで世界へのキップを失った。本当に申し訳ない気持ちでいっぱいです……」

彼は大会前に、こう熱っぽく話をしてくれた。

「U－17ワールドカップでの苦しみのリベンジ、僕の成長の答え合わせをするために、何が何でもU－20ワールドカップに出場したいんです」

誰よりも世界の舞台で戦うことを望んでいたことを知っているからこそ、彼の打ちひしがれた表情を見て心が痛んだ。あまりにも残酷な瞬間だった。

「本当に悔しい。正直、何を言っていいかわかりません。ただ、これでこの大会は終わってしまったことは間違いないわけで……。本当に自分のせいだと思っています」

言葉を振り絞ろうとするも、うまく出てこない。まさか、この同じような状況を8年後に目の当たりにすることになるとは、このときは当然、思ってもみなかった。

「でも、帰ったらセレッソを残留させるという重要なことが待っている。いつまでも引きずっていられないし、すぐに大阪に帰って頑張らないといけない……」

このとき、彼は気持ちを整理している暇などなかった。セレッソ大阪は彼が離脱していた2試合で2敗し、17位と降格の危機に瀕していただけに、チームにすぐに戻って、J1残留に向けて力を発揮しないといけない状態だった。

そして、気持ちを切り替えられないまま帰国した南野に、さらなる試練が待ち構えていた。復帰をしても、チームは思うように勝ち点を積み上げられず、残留ラインを超えられずにいたのだ。

そして、2014年11月29日のホーム鹿島アントラーズ戦で敗れ、ついに三度目のJ2降格が決まった。

この試合、南野はスタメンで出場をしていたが、後半途中で交代していた。

試合後のミックスゾーン。彼は、

「効果的にボールに関われていなかったし、そこが課題だと思う。チームのためになれなかったのが悔しいし……。そうですね、いまはあんまり考えられないですね」

と、ミャンマーで見せたのと同じ表情で言葉を振り絞っていた。

10代のうちに、彼はこれでもかというほど重圧を背負い、そして打ちひしがれるような経験を積んだ。

この土台があるからこそ、20代になってからの躍動には、苦しんだ者しかわからない力強さと信念を感じた。

2015年1月、南野は20歳でオーストリア・ブンデスリーガの強豪であるレッドブル・ザルツブルクに完全移籍した。

すぐに出番をつかみ、翌シーズンからはFW、サイドハーフとしてレギュラーの座を得た。3シーズン目の2016〜2017シーズンには、2シーズン連続の2桁となる11ゴールをマークした。

だが、彼は躍動するなかで、厳しい現実も理解していた。

「結果を出したとしても、そのニュースが日本には伝わっていないんだなと実感することが多いです。やはりスペイン、イングランド、ドイツやイタリアと比べると、オーストリアでただ活躍しましたというだけでは、日本に僕のニュースは届かない。僕の心のなかにはいつも、『ここで頑張って日本代表に入りたい』という気持ちがある。じゃあどうするか。それはただの結果ではなく、圧倒的な数字とインパクトを残さないと届かないんです」

目標だった海外でのプレー。最初の選択としてはいいクラブに入ることができた。

しかし、4大リーグと比べると、認知度が低いことを痛感する現実もあった。

だからこそ、このクラブで圧倒的な結果を出して、次なるステップである4大リーグへの挑戦に進みたい。

焦る気持ちもあったかもしれないが、彼は〝そのとき〟を待って日々のトレーニングに打ち込み、ときには4大リーグで躍動する自分をイメージしながら、ひたすらオーストリアの地で力を磨いた。

そして、ついに圧倒的結果とインパクトを日本はおろか、世界に発信する瞬間が訪れる。

2019年10月3日のヨーロッパチャンピオンズリーグ・グループステージ第2戦のリヴァプールFC戦。

前回のヨーロッパ覇者である、イングランドの超名門に対し、南野は切れ味鋭いターンと機を見た仕掛けで相手守備陣を手玉に取り、1ゴール1アシストと爆発する。

敵将のユルゲン・クロップ監督の目の前での大活躍が認められ、同年12月にはそのリヴァプールへの完全移籍が実現した。

4大リーグのなかでもトップクラスのクラブへの移籍。当然、ライバルとなるのは世界的なスター選手ばかり。チーム内の競争はかなり厳しいものとなったが、それでもチャンスを得るとゴールに向かう直線的なプレーと正確なシュートセンスを発揮。レギュラーこそ奪えなかったが、2年半（2021年2月〜6月は同リーグのサウサンプトンFCにローン移籍）でリーグ戦4ゴール、カップ戦9ゴールをマークした。日本代表においても、2018年のロシアワールドカップが終わってからは不動の存在となり、アジア2次予選まではめざましい活躍を見せた。

だが、ここからカタールワールドカップまでの2年間、彼は苦しみを味わうことになる。

リヴァプールではロベルト・フィルミーノ、モハメド・サラー、サディオ・マネという世界トップクラスのアタッカー陣になかなか割って入れず、試合出場が激減。2022年6月には、フランスリーグアンのASモナコに完全移籍するが、新たな環境での順応に苦しみ、レギュラーの座をつかめていない。

日本代表においても、10番を背負いながら、最終予選では思うような結果が残せなかった。さらに、同じポジションの鎌田大地がこの2年間で急成長を遂げたことで、立場は変化する。

鎌田は2022年、ドイツのアイントラハト・フランクフルトで、クラブの42年ぶりのヨーロッパリーグ制覇の立役者となり、2022〜2023シーズンはチャンピオンズリーグでゴールを挙げるなど、世界的にも名を馳せ、最終的には南野のポジションを奪うかたちでスタメンに定着した。

## 視線の先にあるもの

南野にとって決していい状態ではないなかで、カタールワールドカップが開幕した。彼のプレースタイルは、ゴール前でのターンやフィニッシュワークのうまさがある一方で、生粋のストライカーというわけではなく、トップ下でゲームコントロールにも関われるし、海外に渡ってからはサイドハーフ、ウィングとしてもチャンスメークからフィニッシュワークまで幅広く関わることができる。

だからこそ、試合感覚に不安があれど、サイドでもFWでも、トップ下でも流れを変える存在になると思っていた。

実際に、初戦のドイツ戦では途中出場から流れを変え、同点弾に絡んだ。

だが、このあとが続かなかった。コスタリカ戦もDFケイセル・フレールのゴールが決まった瞬間、彼はタッチラインで交代での投入を待っている状態だった。投入以降も流れを変えることができないまま、タイムアップのときを迎えた。

劇的な勝利を収めてグループE1位通過を決めたスペイン戦では、ついに最後まで出番はやってこなかった。

このとき、彼は現状をこう受け止めていた。

「僕はいつもナチュラルというか、立場を受け入れられる。もちろん、素直に受け入れられるときと受け入れられないときはあるんですけど、それを周りには出さないようにしています。自分のなかで消化して、自分でどうにかする。それはワールドカップであろうが、それ以降のサッカー人生であろうが変わらないと思います」

悔しさや不甲斐なさは自分にすべてぶつける。それは、彼がこれまで何度も困難に直面してもやり続けてきたことだった。

そして、決勝トーナメント初戦のクロアチア戦。南野は1-1で迎えた87分に堂安律に代わって投入された。延長戦でゴールを決められないままPK戦を迎え、冒頭のシーンにつながった。

敗退が決まった瞬間、彼はその場にうずくまって涙をした。仲間が声をかけるも、彼はうずくまったまま。

8年前にミャンマーで見た光景が、いま目の前にある。葛藤のなかで8年前は5番手、今回は1番手というプレッシャーがすさまじいシチュエーションでPKを蹴り、そして阻まれた。

涙する姿もあのときと同じ。胸が締め付けられる思いだった。

整列後も南野の涙は止まらない。サポーターの前に行くときも、ロッカールームに引き上げるときも彼は泣いていた。

翌日のミックスゾーン。南野は落ち着いた表情でメディアの質問に答えていた。

「リヴァプールに移籍をして、試合に出られない時間が続いたのはすごく難しかった。このワールドカップに最高の状態で来たかったけど、それは僕の実力不足。でも、常にチャレンジし続けられたし、そのときは自分のなかで最高の決断だと思ってやってきたので、後悔はまったくないです」

前述したとおり、20歳で海外に渡り、チャンピオンズリーグで躍動。リヴァプールではフィルミーノ、マネ、サラーという世界的なスーパースターとポジション争いを繰り広げ、苦しい時期も多かったが、彼は折れることなく与えられたチャンスで全力プレーを続けた。

この精神力と経験は誰もができることではない。南野だったからこそ、つかむことができた環境だったことは間違いない。

つかみとった環境で努力を惜しまなかったことで、彼はどのタイプの選手とも共存できる、高い戦術理解力とフットボールインテリジェンスを身につけることができた。

それを周りは理解していた。南野を信頼して呼び続けた森保一監督も、

「ビッグクラブに挑戦をして試合に出られなくても、試合に出られないから代表に呼ばれないとなると、ビッグクラブに挑戦しない選手が出てきてしまうから、いい意味で割り切ってやってほしい」

そう南野の背中を押し続けた。だからこそ、期待に応えたかった。

「森保監督を信頼していたし、僕の気持ちをわかってくれたことがすごく嬉しかった。それだけにベスト８の壁を一緒に超えたかった」

無念の思いを口にする彼は、ＰＫについて思いを口にした。

「ＰＫには自信があったし、立候補で決める状況となったときに、僕は1番手か5番手で蹴りたいと思っていました。5秒くらい誰も手を挙げなかったので、『じゃあ、俺が行く』と手を挙げました。でも、結局それでチームに迷惑をかけてしまった。ＰＫ戦というのは流れがすごく大事なのに、自分が1番で外したことで流れを悪くして、相手のＧＫを乗せてしまった……。悔しいですね」

私は彼の「1番手か5番手で蹴りたかった」という言葉が嬉しかった。

もしも、自分自身が厳しい批判にさらされる状況に陥っていたとき、外したらさらに批判がくるだろうＰＫキッカーを名乗り出ることは、並大抵のメンタリティーではできない。

絶好調で活躍しているときでさえ難しいからこそ、キッカーを決めるときに5秒間の沈黙があったのだ。

その沈黙を打ち破って、南野は手を挙げた。

そこには強い精神力と責任感があった。結果は結果。私は彼のその心に感動した。

「いま、自分のなかでは思いきり悩んで、いろいろもがきながらでも前に進んではいると思う。この先どうなるかわかりませんが、いずれにせよ成長していくことはできると思う。この悔しさをもっていままで以上に努力をして、サッカー人生で最高のレベルに行けるように努力していきたいと思います」

彼が見つめているのは過去ではなく、未来。

「次のワールドカップで絶対にリベンジをしたい気持ちがある。絶対に選手としてレベルアップして、この場に帰ってきたいと思います」

この言葉を聞いて、11年前のU－17ワールドカップのメキシコから帰国後に、彼が口にした言葉を思い出した。

「帰りの飛行機の中で本当にいろいろ考えました。『このままで終わってはいけない』と思ったし、『絶対にここから周りを見返そう』と思った。当然、『自分はもっとできる』という想いはあった。もうセレッソでプロになってそれを証明するしかないと強く思えたんです。僕は這い上がって成長していく人間なんだと」

南野拓実は、このままでは絶対に終わらない。カタールでの葛藤、苦悩が必ず将来に新たな実を結ぶはずだ。それは彼のこれまでの人生が証明している。

# 第9章
# ―
# その先の景色

## モロッコが描く美しきデザイン

私が滞在していたアパートメントの近くで練習をしていた日本代表が帰国し、多くの日本メディア関係者が帰国すると、一抹の寂しさを感じた。

日本代表が敗れた脱力感もあったが、私はこの先の景色をどうしても見たかった。決勝トーナメントに入ってから明らかにピッチ上の空気が変わったが、ベスト8以上となると、さらに、その雰囲気は変わっていく。

日本代表がベスト8以降を〝新しい景色〟というのであれば、ジャーナリストとして、その景色を最後まで見届ける必要があると思い、最後までカタールに滞在することを決めた。

クロアチア戦の翌日は、ラウンド16のモロッコ対スペインを取材しに、エデュケーション・シティ・スタジアムへと向かった。

スタジアムに着くと、広場はモロッコサポーターで埋め尽くされていた。

街を歩いていると、いちばん多く見かけるのがモロッコサポーターで、次がアルゼンチンサポーターだった。聞くところによると、モロッコサポーターは、かなり熱狂的で、チケットを持たない人たちも大勢カタールに来ているという。

実際に、この日のエデュケーション・シティ・スタジアムは、いつにもまして厳戒態勢だった。

警備員や警察官の数がこれまでとは段違いで、メディアエントランスの手前にも多くの機動隊のような人たちが整列していた。

スタジアムに入ると、スタンドの大半がモロッコサポーターだった。

もちろん、彼らはモロッコの勝利を信じてやまないが、この試合、多くの人たちは、スペインが勝つと思っていたのではないだろうか。

モロッコはクロアチア、ベルギーと同居する激戦グループを無敗で1位通過し、36年ぶりの決勝トーナメント進出を果たすなど、日本同様に旋風を巻き起こしていた。

一方のスペインも、日本に逆転負けこそしたが、サッカーのクオリティーは非常に高かった。

ベテランと中堅、そして将来を担う期待の若手と、年齢幅も広くてバランスがとれたうえに、脈々と受け継がれる主導権を握るプレー哲学は健在だった。

スペインが決勝トーナメントからエンジン全開でくるのではないか。そう思うと、さすがのモロッコでも勝利するのは容易ではないと思っていた。

しかし、モロッコが見せたのは、美しさすら感じる、非常に統制がとれた組織的な守備と、強度の高いカウンターアタックだった。

モロッコは4－3－3の布陣ですべての試合を戦っていた。印象的だったのは、ピッチ上に描かれるその陣形の美しさだった。

モロッコは守備時には4人のDFがきれいにそろい、自陣ゴールから離れるように高い位置をキープする。

その前にアンカーのソフィアン・アムラバトが構え、その斜め前方にセリム・アマラーとアゼティン・ウナヒの両インサイドハーフが位置する。そして、ソフィアン・ブファル、ユセフ・エン＝ネシリ、ハキム・ツィエクの3人のFWがなだらかで大きな三角形を前線につくる。その陣形を整えつつボールホルダーに対しては一定の場所まで運ばれるまでは無闇にプレスにいかない。

そして、3トップと中盤の3枚の間にボールを入れられると、果敢なプレスが始まり、中盤でボールを受ける相手選手の自由を奪う。なかでも、中盤の底に位置するアムラバトが、ずば抜けた運動量と危機察知能力を生かしたセカンドボールの回収能力をフルに発揮して、プレスによってこぼれたボールを拾いあげていた。

このプレーを、どんな相手に対してもハイレベルでやってのけるアムラバトは、ボールを奪ってからもハイレベルなプレーを見せる。ドリブルでもちあがったり、精度の高いミドルパスを出したりするのだが、彼の真骨頂はボールを離したあとだ。チャンスと見るや、そのまま前線まで駆け上がってシュートエリアまで入っていき、ボールを奪われた瞬間に自分の持ち場まで一気に下がる。彼の無尽蔵の運動量、精度を落とさないプレー技術、判断の質はハイレベルで、ワールドカップ後にはビッグクラブへの移籍の可能性も十分に感じさせるプレーぶりだった。

どれだけモロッコが攻めこんでいても、カウンターを仕掛けて前へのスピードを高めていても、相手ボールになった瞬間に、まるでプログラミングされたドローンの集団のようにバランスのとれた４－３－３にきっちりと戻る。ここに美しさを感じたのだった。

さらに、モロッコの右サイドはツィエクと、パリ・サンジェルマンでプレーする世界最高峰の右サイドバック、アクラフ・ハキミのコンビがサイドと中央で起点をつくりながら、縦への突破を果敢に仕掛けて全体の攻撃のスイッチを入れる。

モロッコには組織として規律があり、それを遂行する力をもち、かつ個々のタレントに優れる。

対するスペインも正確なパスワークでゲームを支配しようとするが、モロッコの攻守の切り替えの早さを前に、延長戦を戦ってもゴールを奪うことができず。試合は0－0で終わり、PK戦の末にモロッコが勝利。史上初のベスト8進出を決めた。

スペインが攻めあぐねたというより、モロッコの組織の前に屈した印象だった。

スタジアムの大半を埋めたモロッコサポーターの圧力はすさまじかった。

スペインがボールを持つと、耳が痛くなるほどの大ブーイングを浴びせ、モロッコのチャンスになると地響きするような声援を送った。エデュケーション・シティ・スタジアムは完全にモロッコのホームスタジアムと化していた。

かくして日本が見たかった〝新しい景色〟を、彼らは見ることができる。正直、モロッコが羨ましかった。

ラウンド16を終え、開幕以後初めて試合が開催されない日が2日間あった。

これまでは、毎日、試合取材に行くという幸せな日程であったが、そのぶん疲労もあった。ここからは2日間のレストデーを挟むかたちで、準々決勝、準決勝、3位決定戦、決勝と続いていく。

このレストデーを活用して、仲間とドーハ観光に行ったり、メディアバスツアーに参加したりと、息を抜く時間をつくった。

10年ぶりに行ったドーハ最大の市場であるスークワキーフは、人でごった返し、広場ではボールを蹴る人の姿もあった。前回来たときは、観光客が少なく、地元の人間が多かったが、そのときとは雰囲気がまったく違っていた。

勝手に「丸の内」と呼んでいたオフィス街のムシェイレブも徒歩圏内で、お洒落なカフェがたくさん立ち並び、活気にあふれていた。これも徒歩圏内のコーニッシュは、カタールワールドカップの記念モニュメントがあちこちに置かれ、道路も歩行者天国となっており、多くの人で賑わっていた。

最初にドーハに来た2006年には、コーニッシュには真珠貝のモニュメントしかなく、海岸線に見えるビル群もまばらだったことを考えると隔世の感がある。

完全に変わった風景からは、カタールという国の急激な経済成長と、急ピッチで進められた都市開発の波を感じた。

## ベスト8の壁の高さ

充実した2日間を過ごし、アルゼンチン対オランダの準々決勝を迎えた。

この一戦は、絶大なインパクトを与える試合だった。

アルゼンチンのリオネル・メッシは、「今回が最後のワールドカップ」と明言しており、選手たちもスタッフも、そしてサポーターのみならず全世界のサッカーファンが、「メッシに優勝させたい」という大きな機運のなかにいた。

一方のオランダは、ルイス・ファン・ハール監督が率いて、3－4－1－2の布陣で非常に統率のとれたサッカーを展開していた。

今大会、格下といわれる国が格上の相手と戦うときには3バックにして、展開によっては両ウィングバックをディフェンスラインに下げ、5枚でブロックを敷いて守るケースが多発していた。

日本もそのひとつだが、そのシステムを採用しているチームの多くが、守って守ってカウンターというかたちになり、5バックの状態が長く続いてしまっていた。

しかし、オランダは違った。きちんと3バックを維持しながら、デイリー・ブリントとデンゼル・ダンフリースの両ウィングバックが高い位置をとり、２トップのメンフィス・デパイとステーフェン・ベルフワインがサイドに流れると、中央のスペースに入って相手のボランチの脇のスペースでアドバンテージをとったりしていた。

もちろん、守るべきところは両ウィングバックが落ちてブロックをつくるが、攻撃に切り替われば両サイドだけでなく、３人のＤＦ陣も数的優位をつくりだそうと積極的に攻撃参加し、状況に応じて立ち位置を変化させていた。

アルゼンチンは、この試合ではグループリーグ全試合で採用していた４－４－２ではなく、オランダに合わせて３－３－２－２の布陣で挑んできた。

アルゼンチンはその前のラウンド16のオーストラリア戦でも、４－２－３－１のオーストラリアに対して、４－３－３の布陣で臨んだ。

これを見ても、アルゼンチンがグループリーグを戦うプランと、決勝トーナメントを戦うプランを分けているように感じた。

グループリーグは相手にかかわらず自分たちのかたちでやって、選手のコンディションを徐々に上げていき、決勝トーナメントでは相手のやり方に対応しながら、自分たちの良さを出していく。

ファン・ハール監督の哲学を貫き、全試合で同じフォーメーションを組んできたオランダとの戦いはまさに激闘だった。

試合は34分、メッシがスーパープレーを見せた。

右サイドでターンした右ウィングバックのナウエル・モリーナが中央に向かってドリブルを仕掛けると、スッと後ろからメッシが寄ってくる。

歩くように寄ってきたメッシにモリーナがパスを送ると、メッシは足元に入った速いボールを難なく右インサイドでトラップし、寄せてきたボランチのフレンキー・デ・ヨングに対して、ターンしながら左足にもち替えて一瞬にしてかわすと、さらに斜め中央にドリブルを開始。

一気にオランダ守備陣の緊張感が高まり、ナタン・アケがメッシに寄せようと前に出るが、それに対してメッシがボールに触らずに右足のステップだけでフェイントを入れると、アケは危険を察知して飛び込むのをやめて下がった。

一瞬、4人が並んでいたオランダの守備ラインの選手の目線が全員メッシに向けられた。

その瞬間だった。右サイドから右中央に入り込んでDFフィルジル・ファン・ダイクにマークにつかれていたモリーナが、相手の選手の目線がメッシに向いていることを察知して、少し前に出ていたファン・ダイクの裏のスペースに一直線に走り出した。

俯瞰《ふかん》して見られる記者席からもモリーナの動きを認識できたが、正直、ボールをもつメッシには見えていないと思っていた。そのままドリブルで中にもっていって、ペナルティーエリアの外から左足のシュートを打つか、左サイドを走っていたマルコス・アクーニャにスルーパスを出すのではないかと思っていた。

しかし、メッシが左足アウトサイドで斜め中央にもちだした瞬間、メッシはパスを出す予兆がまったくない状態で、左足からモリーナに対角のスルーパスを出した。

思わず叫んでしまった。メッシが出した魔法のスルーパスは屈強なオランダ守備陣を切り裂いて、モリーナの足元へピタリ。メッシのパスを信じて走っていたモリーナはワンタッチでスペースにボールを出し、詰めてきたGKアンドリース・ノペルトをよく見て右足アウトサイドのシュート。ボールはゴールに突き刺さった。

メッシに「いつ見たんですか?」と問い詰めたいほど、衝撃だった。

モリーナの動き、シュートも最高のプレーだった。

動き出しやファーストトラップはもちろん、感嘆したのが、彼が右のアウトサイドで突くようにしてシュートを放ったことだ。

もし、あそこで正確にシュートが打てる左足インサイドや左足インステップで着実にミートをしようと考えていたら、その前に驚くべきスピードでボールにアタックに来ていたファン・ダイクによって、先にボールを突かれていただろう。

あそこで機転をきかせて右アウトサイドで打ったからこそ、ファン・ダイクが伸ばした足より一瞬早くミートすることができた。

今大会を通して感じていたキーワードがあった。それはターンとアウトサイドキックだ。常日頃からこの2つは選手の成長において、非常に重要なファクターだと思っている。

ライフワークとして長年に渡り高校生を中心とした育成年代を取材していると、いろいろな選手と出会うことになる。

さらに、近年は大学サッカーをかなりの頻度で取材し、Jリーグ、年代別日本代表も継続的に取材をしているが、ボールを〝止めて、蹴る〟はかなりの選手が意識するようになっているものの、〝止めて、ターン〟や、〝ターンをスムーズにするために止める〟という技術はまだあまり磨かれていない印象を受ける。

パススピードもプレススピードも上がっている近代サッカーにおいて、正確かつ素早いターンで前を向けない、行きたい方向を向けない選手は、レベルが上がれば上がるほど頓挫していく。

せっかくいいキックやスピード、フィジカルの強さなどをもっていても、それができなければ、次のプレーの選択肢は一気に減るし、何より自分の武器を最大限に発揮できる機会を失いかねない。今回のワールドカップを見ても、どの選手もターンの質が非常に高い。

とくに背後からの斜めに出されたボールに対し、うまくコントロールしながら、スムーズに進む方向を向くターンは、どのポジションでも大きな価値を生む。

ワールドカップのような世界最高峰の舞台では、足元に収めてから、ターンするのでは遅い。もちろん、事前に状況を把握して、敢えてその選択をすることはある。

だが、カウンターの際や後ろからのビルドアップで、プレスの激しいゾーンに入ったときは、〝ターンしながら止めて、蹴る〟が重要になる。

くわえて重要になってくるのがアウトサイドキックだ。

ボールにタッチしたときに、もっとも早くボールに触れる場所がアウトサイドだと思っている。もし、インサイドで蹴ろうとするとテイクバックが入ってしまうし、インステップだと軸足の踏み込みが必要になる。

だが、アウトサイドキックは足首の返しだけで蹴れるのでテイクバックもいらないし、軸足の踏み込みをしなくても普通の重心移動のなかでできる。時間とスペースが少ないなかで、もっとも時間をかけず、ボールを出せるのがアウトサイドキックだ。

今大会でもアウトサイドキックは多用されていた。サイドアタッカーがカットインで中に入っていったときに、アウトサイドでクロスを上げたり、スペースにボールを入れたりするシーンも多かった。

なかでも印象的だったのが、ブラジル対セルビアでの、ブラジルのリシャルリソンが見せたオーバーヘッドシュートの場面だ。このテクニカルなシュートはすさまじかったが、そのアシストとなったヴィニシウス・ジュニオールのアウトサイドでのクロスが鮮やかだった。

左サイドでボールを持って、対峙してきたDFを牽制しながら、プレスバックに来た相手に触れないように右アウトサイドでライナーのクロスを送った。

これをもし左足インステップやインサイド、右足インサイドなどで出していたら、相手に寄せる時間を与えてしまってブロックされていたかもしれない。

話はアルゼンチン対オランダに戻る。

２－１でアルゼンチンが１点リードした後半アディショナルタイムに圧巻のシーンが訪れた。

表示された10分台に突入したとき、ゴール前中央左の位置でファウルをもらい、オランダがＦＫを獲得する。

ちょうど89分の左ＦＫでは、左利きのＭＦステフェン・ベルハイスがファーサイドに送り込み、アディショナルタイム２分の似たような位置でのＦＫでは、ベルハイスが左足で直接狙って壁に当てていた。

しかし、このときはキッカーの位置にベルハイスがおらず、トゥーン・コープマイネルスが左足で、コディ・ガクポが右足で狙える場所にいた。

アルゼンチンの５枚の壁の後ろには、壁の下を通させないようにひとりのアルゼンチンの選手が横になっており、その壁の横には３人のオランダの選手が並んでいる。

ホイッスルが鳴ると、コープマイネルスが助走した。

「左足で直接狙ってくる」

そう思った瞬間、コープマイネルスはキックフェイントをかけるように、ボールを左足インフロントに当てて、壁の脇にいる選手へスルーパスのようなボールを蹴った。アルゼンチンの選手も、スタジアムにいた観客も、そして私も完全に意表を突かれた。

ボールは壁の横に立っていた3人の中央にいたベグホルストに渡ると、ベグホルストは素早く右足ワンタッチでターンして左足を振り抜いた。

ボールはゴール右隅に転がっていき、オランダが土壇場で追いついた。

こんな崖っぷち中の崖っぷちの状況で、トリックプレーを全員が冷静に遂行する。世界トップレベルのメンタリティーとインテリジェンスを目の当たりにした。

いつ、どこで彼らは話し合ってこのトリックプレーを行ったのか。あとから映像でよく見ると、壁の横に並んでいたルーク・デ・ヨング、ベグホルスト、フレンキー・デ・ヨングの3人は何やら話をしていて、ボールをセットする2人のキッカーに少しジェスチャーをしていた。

そしてコープマイネルスがボールを蹴る瞬間、ルーク・デ・ヨングとフレンキー・

デ・ヨングが開いて、3人の後ろにいたモリーナの反応を遅らせ、かつベグホルストのスペースを空けていたのだ。

いずれにせよ追い詰められた状況で、観客の声でピッチ上での会話も難しいなか、彼らは見事に完璧なトリックプレーをやってのけたのだ。

その直後に後半終了のホイッスルが鳴った。

激闘は延長戦になっても決着がつかず、PK戦にもつれこむと、GKエミリアーノ・マルティネスの活躍でアルゼンチンが勝利を収めた。

モロッコ同様に完全ホームの雰囲気をつくりだしたアルゼンチンが準決勝に駒を進めたが、トップレベルのメンタルと技術のすさまじさをこれでもかと体感した試合だった。

激闘のルサイルスタジアムをあとにしても、まだ興奮が覚めやらない。スタジアムの外ではアルゼンチンサポーターが大合唱をして喜びを爆発させている。

その光景を見ながら感じたことは、「やはりワールドカップは決勝トーナメントから」ということだった。とくにベスト8からの壁は想像以上に高い。そう思わせる激戦だった。

もちろんグループリーグのレベルも高い。だが、そこには選手のコンディションや勝ち点差、得失点差などの駆け引きや皮算用が存在する。

よく「一戦一戦、目の前の戦いに集中する」というが、本当にそれをやらなければいけないのは、チーム力的に劣る国であり、本当の強豪国ではない。

強豪国は初戦から決勝までの7試合を戦い抜くためにコンディショニングをして、試合をこなすごとにピークにもっていくプランニングをする。

決勝トーナメントはシンプルで、勝てば次に進み、負けたら終わりだ。

そこには忖度する要素は1つもない。勝ち上がれば勝ち上がるほど、疲労も重なり、極限の戦いになっていく。

アル・バイト・スタジアムで取材をしたフランス対イングランドも総力戦で、世界的なストライカーであるハリー・ケインが、試合中に1本目のPKは決めたが、2本目のPKを枠から大きく外してしまったシーンを観たときは、ワールドカップの重圧と疲労度を測り知ることができた。

かくして準決勝を経て、ファイナリストとなったのは、前回王者のフランスとメッシ率いるアルゼンチンというカードとなった。

モロッコ対クロアチアの３位決定戦は取材申請が通らず、アパートメントで料理をつくってみんなでテレビ観戦をした。

試合がある日に取材に行かない経験は、カタールに来てから初めてだったため、少し違和感があったが、ゆっくりとソファーで寛ぎながら試合を見られ、長期間の取材活動で疲れた身体を癒すいい機会になった。

大会も終盤に差しかかったことで、われわれジャーナリスト陣も疲れていたが、試合を観るとそれ以上に、両チームの選手が満身創痍だったことがわかった。

結果はクロアチアが３位に輝いたが、やはり激闘に次ぐ激闘はどんな猛者たちでもコンディション面でむしばむ。それでも最後まで激しい試合を見せてくれた両チームには心から拍手を送りたかった。

余談だが、カタールに滞在した１カ月の半分以上は自炊をしていた。

私は料理が大好きで、小さいときからよく台所に立っていた。母親の料理を手伝いながら、出汁のとり方や野菜の切り方、炒め方や煮方など、何から何まで見様見真似で学んだ。

大学に進んでひとり暮らしになってからも、その経験が大いに生き、ジャーナリスト活動を始めてからも、行く先々で料理をすることが趣味になった。

これまでカナダ、アメリカ、韓国、カタール、アラブ首長国連邦、イラン、バーレーン、タイ、マレーシアに加えて、ポーランドやドイツなどのヨーロッパ諸国と、多くの国のキッチンに立ってジャーナリスト仲間に料理を振る舞った。

今回も〝サムライメディアブルーの料理人〟と自称して、カタールの大きなキッチン完備のアパートメントで腕を振るった。日本から大量の調味料を持ち込み、食材はすべて現地のスーパーマーケットで調達。カタールはイスラム教の国だけに宗教上の理由から豚肉を食すことを禁止されていたが、牛や鳥や魚介類、野菜が豊富なのは非常に助かった。

なかでも鳥は手羽ややももなど部位のパック詰めから、丸鳥に至るまで種類豊富にあり、出汁もとれるし、食べてもおいしく、重宝した。

とくに栄養面、体調管理面でも大活躍したのが生姜だった。

日本からチューブ状の生姜をたくさん持ってきたのだが、それが必要ないほどに皮付き生姜が新鮮で、美味しかった。

毎日のように生姜の皮を剝き、すり下ろしたり、刻み生姜にしたりして、得意の味噌鍋やシチュー、煮物にも入れた。ときには牛肉を使った生姜焼きもつくった。

大会期中、メディア関係者のなかで体調不良者が多く出ていたが、われらが部屋のメディア仲間は、誰ひとりとして体調を崩さなかった。生姜に対する評価がカタールで急激に上がった。また、里芋も皮付きで売っており、里芋の煮っ転がしをつくると、かなりの高評価を得て、自分の得意料理のひとつに加わった。

取材活動も生活も充実した日々を送っていたが、それもついに終わりのときを迎えることになる。

## その先の景色

２０２２年12月18日。カタールワールドカップ決勝の日を迎えた。

両国は、前回大会のラウンド16で激突している。このときは四度目の挑戦でキャリアのなかで初のワールドカップ優勝という栄冠を目指していた31歳のメッシの前に、当時19歳のキリアン・エムバペが立ちはだかった。

圧巻の2ゴールを叩き込んでアルゼンチンを４－３で下し、フランスはそのまま頂点に駆け上がった。

そして4年後、両者は決勝で顔を合わせた。

パリ・サンジェルマンではチームメイトになった2人だが、今大会ではメッシが5得点、エムバペも5得点と得点ランキング1位で並び、10番同士で得点王を競うという最高のシチュエーションで行われた。

決勝カードが決まってから3日間、私はずっと決勝を楽しみにしていた。

はやる気持ちを抑えながら、アパートメントの最寄り駅から地下鉄でルサイルスタジアムに向かった。

満員の車両がレッドラインの終着駅であるルサイル駅に着く。

アルゼンチンサポーターの大合唱とともに駅を出ると、金色のルサイルスタジアムが見えてきた。ワクワクする気持ちと、これが今回のワールドカップの最後の試合になると思うと、寂しい気持ちもあった。

ゲートからメディアセンターに入ったが、多くの人が詰めかけ、席がいっぱいだった。そのため、メディアセンターの外にあるアラビア風のベンチとエアクッションがある場所で原稿を書いていると、上空では軍用機が隊列をなして何度もアクロバティックな飛行をしていた。最初は見惚れたが、あまりにも回数が多いので途中からは追わなくなった。

飛行音を聞きながら、徐々に試合に向けてのテンションを上げていく。

そして、キックオフの1時間半前に記者席に着くと、そこから決勝戦のセレモニーが始まった。

開会式同様にかなり手の込んだ演出だった。

出場各国の国旗をあしらった提灯のようなものが出てきて、グループリーグ敗退の国からはけていき、ラウンド16、ラウンド8とどんどん減っていく。

日本も16から8になるときにはけていくのを見て、少し切なさはあったが、アルゼンチンとフランスの2つが残り、それが上空に舞い上がっていく様を見て、再びテンションが上がった。

大会期間中、あちこちで流れていたカタールワールドカップの公式ソングの生歌を聞いて、さらにテンションが上がる。

開会式で登場した、BTSのジョングクがいなかったのは残念極まりなかったが、それでも祭りのラストを飾る演出には心を動かされた。

そして、ピッチ中央に巨大なワールドカップトロフィーのバルーンが置かれ、いよいよ64試合目、ファイナルの入場セレモニーが行われた。

暗転から一気にスタジアムが明るくなり、両チームの選手たちが入場してきた。

運命のキックオフ。

両者が激しくぶつかり合うというより、どちらかというと強度はそこまで高くない静かな立ち上がりとなった。

むしろ、両チームとも動きが重かった。

それもそのはずで、彼らはこれまで6試合を消化し、体力的にも負荷がかかっていた。さらに、フランスに関しては決勝までに体調不良者が続出し、前々日の練習ではキングスレイ・コマンとラファエル・ヴァラン、イブラヒマ・コナテが姿を見せず別メニュー調整を行うなど、ベストコンディションとは程遠い状況だった。

それが影響をしてか、21分に試合を動かしたのはアルゼンチンだった。アンヘル・ディ・マリアが左から突破をしかけ、それをウスマン・デンベレが倒してPKを獲得した。

騒然とするスタジアム。キッカーはメッシ。ゆっくりとした助走から対角にボールをゴールに突き刺した。

得点ランキングトップに立つ、メッシの6ゴール目でアルゼンチンが先制すると、アルゼンチンサポーターの歓声は一段と上がった。

アルゼンチンの前に、フランスはシュートを1本も打てずに守勢を強いられ続けた。

そして、36分にアルゼンチンが素晴らしいカウンターを見せる。フランスの縦パスを、自陣深くで右サイドバックのモリーナがダイレクトで中央のマック・アリスターへつなぐ。

マック・アリスターは左足ダイレクトでハーフウェーライン付近にいたメッシへ縦

パスを送った。

メッシは足元にきたボールを、ゴールを背にして左足インサイドでトラップすると、間髪を入れずに左足アウトサイドで右サイドのスペースを駆け上がってきたフリアン・アルバレスにフリックパスを通した。

するとアルバレスも、ラインが崩れたフランスの守備陣形を見逃さずにダイレクトで右前のスペースにスルーパスを送り込む。

抜け出したマック・アリスターは、またしてもダイレクトで逆サイドのスペースにグラウンダーのクロス。ファーサイドに走り込んだディ・マリアが、左足ダイレクトで叩き込み、アルゼンチンが2点目を挙げた。

これぞカウンターの見本ともいうべき鮮やかな連携だった。

ピッチ上に鮮やかな絵を描くかのように、5つのダイレクトプレーとメッシの超絶2タッチが絡んでのスーパーカウンター。息をのむくらい芸術的だった。

ついに36年ぶりの優勝か。スタジアムの大半を占めたアルゼンチンサポーターが沸き上がる。

41分にディディエ・デシャン監督が動いた。

デンベレと、前線で収まらなかったオリビエ・ジルーに代えて、ランダル・コロムアニと、1998年のフランスワールドカップで優勝した名手リリアン・テュラムの息子であるFWマルクス・テュラムを投入する。前半で2人も交代させるという異例の采配をみせてきた。

さらに71分にデシャン監督は、テオ・エルナンデスに代えてエドゥアルド・カマヴィンガ、攻撃のキーマンであるアントワーヌ・グリーズマンに代えてコマンを投入する。

エムバペとテュラムの2トップにして、さらにコロムアニとコマンの両サイドハーフが高い位置に張り出し、4トップ気味にして一気に攻撃にギアチェンジをしてきた。

フランスは徐々に息を吹き返してきたが、私は正直このまま終わってしまうだろうなと思っていた。

しかし、78分、左サイド縦パスを受けたエムバペが、同サイドのスペースにボールを出すと、コロムアニがそのまま突破を仕掛け、ニコラス・オタメンディのファウルを受けてPKを獲得。

倒されたコロムアニはすぐにエムバペにボールを渡してPKを託した。

アルゼンチンサポーターの大ブーイングのなか、エムバペは冷静にゴール左隅に叩き込むと、すぐに自らボールを拾ってセンターマークまで走っていった。

「まだいけるぞ」

エムバペの所作が一気にスタジアムの雰囲気を変えた。

直後の81分、ドラマの筋書きを感じさせるようなシーンに直面する。

メッシが自陣まで下がってアドリアン・ラビオへのパスをインターセプトし、ボールをキープしてから左サイドに向かってドリブルを仕掛けるが、これをコマンが身体を入れて鮮やかに奪い取った。

バランスを崩したメッシが転倒するなか、コマンはそのまま右サイドを駆け上がって中央のラビオにパス。ラビオがペナルティーエリア付近左にいたエムバペにチップキックでふわりとしたクロスを上げると、エムバペはヘッドで中央のテュラムに落としてそのまま裏のスペースへ加速。

テュラムは浮かせたボールをそのスペースに送り込むと、走り込んだエムバペが落ち際を左足のスライディングシュートで強烈に叩く。

地を這うような弾丸ライナーはＧＫエミリアーノ・マルティネスの手を弾き、勢いそのままにゴール右隅に突き刺さった。

劇的な2ゴール。エムバペがメッシを抜いて7ゴールで得点ランキングトップに立った。

あれだけ精彩を欠いて、動きの重かったフランスが、残り十数分で輝きを見せる。これぞ世界一を決める決勝戦だ。

ここから試合は死闘になっていった。完全に息を吹き返したフランスが4トップをそのまま維持して攻撃の圧力を強めていく。エムバペも両手でフランスサポーターを煽るなど、流れは完全にフランスに渡っていた。

後半アディショナルタイム5分には、エムバペが自陣から高速ドリブルを仕掛け、テュラムと2人でカウンターを仕掛けるなど、何かを超越したかのようなプレーが次々と飛び出した。

そして、2－2のまま後半終了のホイッスルが鳴り響くと、スタジアムはどよめきに包まれた。

後半途中までは予想もしていなかった展開。延長戦が決まったとき、私には「この幸せな空間をまだ味わえる」という喜びがあった。

手に汗握る白熱の90分だけで物語は終わらない。延長戦も想像以上のシナリオが待っていた。

延長戦になってもエムバペの活動量は落ちない。むしろスピードが増しているように感じられるほどキレにキレていた。コロムアニもテュラムもドリブルとスプリントで援護射撃をする。

対するアルゼンチンも、オタメンディとクリスティアン・ロメロを軸に身体を張って追加点を許さない。メッシも下がって懸命に守備をする。

一瞬たりとも目が離せない延長前半が終わり、延長後半へ。

そして開始から3分後の108分、あまりにもできすぎたシナリオがピッチ上に描かれた。

アルゼンチンは右サイドでゴンサロ・モンティエルが前線にフィードを送り込む。落下地点に入ったFWラウタロ・マルティネスが後方のメッシにダイレクトで落としてそのまま裏に抜けると、メッシはダイレクトで中央のエンソ・フェルナンデスにはたき、そのまま前に出る。エンソ・フェルナンデスは、ダイレクトでペナルティーエリア内右のスペースにスルーパスを送り込んだ。

パスはメッシを通過し、その奥のラウタロ・マルティネスの足元へ。

ラウタロ・マルティネスはワンタッチコントロールから右足を強烈に振り抜いたが、弾丸ライナーはGKウーゴ・ロリスによってブロックされた。

しかし、足元に弾いたボールの先にはメッシが飛び込んでいた。

メッシが飛び上がりながら右足でボールを押し込む。

ゴールカバーに入っていたDFジュール・クンデが弾くが、すでにゴールラインを割っているように見えた。

「ゴールだ、メッシだ！　ゴールでしょ!!」

思わず記者席で声が出た。ちょうど座っていた席のサイドでのゴール。

オフサイドか？　ゴールか？

メッシはゴールを確信し、反対側のタッチラインで仲間と歓喜の輪を広げている。

騒然とするスタジアム。

そしてVARチェックが終わり、ゴールが確定したのがわかると、メッシはゴール裏のアルゼンチンサポーターに向かって何度も飛び跳ねながら右手でガッツポーズし、メインスタンド側にも両手を突き上げて全身で喜びを爆発させた。

延長後半に優勝を決めるゴールをメッシが決めて、文字どおり伝説となってカタールワールドカップが完結という、あまりにもできすぎたシナリオ。誰もがそのシナリオが完全にできあがったと思った。

だが、ふとセンターマークに目をやると、そこにはエムバペが仁王立ちしていた。ゴールが決まってから再開されるまで、エムバペは表情をいっさい変えることなく、いつでもキックオフできるように立っていた。正式にゴールとなっても表情を変えずに、再開に向けてアルゼンチンが帰陣するのを待っていた。

これを見て、まだエムバペはあきらめていない、まだスイッチが入ったままだと思った。

サッカーの神様は、あきらめの悪い人間に微笑む。それはすぐにかたちになった。

116分、フランスは右CKを得ると、コマンのキックが味方の頭をかすめてファーサイドでフリーになったエムバペのもとに渡った。

エムバペはワントラップをしてから思い切りシュート。これに対しMFレアンドロ・パレデスとモンティエルが猛ダッシュで前に出てブロックするが、モンティエルのあげた右手にボールが当たり、ハンドリングの判定。フランスにPKが与えられた。

目の前でモンティエルの手に自身のシュートが当たったとき、エムバペは手で少しだけペナルティーマークを指差した以外はとくにリアクションもせず、表情も変わらなかった。

これにはかなり衝撃を受けた。

普通、これだけ切羽詰まった状況であれば、手に当たった瞬間に全身でハンドリングをアピールするはずだ。審判にすぐに詰め寄って「ＰＫだろ！」と叫んでもおかしくない。しかし、エムバペは恐ろしいまでに冷静だった。

さらにリプレイ映像を見ると、コマンがＣＫを蹴ろうとした瞬間、両チームのほとんどの選手がボールを追ってゴール前に飛び込んだときに、エムバペだけがゆっくりとバックステップをしてペナルティーエリア内左のスペースに移動した。

だからこそ、ボールが流れたときにエムバペだけがそこにいた。そして、難しいボールをバックステップしながら完璧に右足で止めると、間髪入れずに右足を振り抜いた。

たまたま相手の手に当たったのではなく、完全に彼が冷静に状況を見て、正確なプレーをしたからこそつかみ取ることができたＰＫだった。

エムバペはゆっくりと歩きながらペナルティーマークまで行き、ウパメカノからボールを受け取った。ちょっかいを出してくる相手に対して微動だにせず、ゆっくりとボールをセットすると、ＧＫの逆をついて左隅に突き刺し、ハットトリックを達成。決勝戦でハットトリックを達成したのは、１９６６年にイングランドのジェフ・ハースト以来、実に56年ぶり２人目の快挙だった。

３－３。できすぎたシナリオのさらにさらに上をいく展開になった。

いつまでも見ていたい、終わらないでほしいと願ってしまうほど、スタジアムは刺激的で幸せな空間となった。

壮絶な試合は１２０分間で決着がつかず、勝負はＰＫ戦へ。

「もう再試合でも、両国優勝でもいいんじゃないか」

そう思ってしまうくらい、ＰＫ戦で勝敗をつけてしまうのがもったいない大激闘だった。

静まることを知らないスタジアム。ＰＫ戦はちょうど座っている記者席側、アルゼンチンサポーターが占拠するゴール前で行われることになった。

先攻のフランス１人目はエムバペ。すでにこの試合で２本のＰＫを決め、実にこの試合３本目のキック。

正直、同じ相手に複数のＰＫを蹴ることは難しい。どうしても「そのうち止められてしまうんじゃないか」という心理が働く。イングランドのハリー・ケインが準々決勝で２本目のＰＫを外してしまったシーンが頭に浮かぶ。

だが、エムバペはその上をいった。左隅に蹴り込んで成功。エミリアーノ・マルティネスの手には当たっていたが、威力が上だった。

アルゼンチンの１人目はメッシ。オランダ戦同様にかなりプレッシャーのかかるキックだったが、ここもオランダ戦と同じコースに力を抜いたキックで成功を収めた。

両チームのエースが決めた。これで流れはどうなるかわからない。

すると、フランス２人目のコマンのキックを、エミリアーノ・マルティネスが止める。早くもＰＫ戦が動いた。

さらにフランス３人目のオーレリアン・チュアメニが枠を外した。

そして、全員成功で迎えたアルゼンチン４人目のモンティエルが決めた瞬間、アルゼンチンの36年ぶりのワールドカップ優勝が決まった。

メッシによる、メッシのためのワールドカップとなった瞬間だった。

センターサークルで、ひざまづいたメッシのもとに、次々と選手たちが集まっていく。その場に立ち尽くすフランスの選手たち。

無情なコントラストを見て、両チームに心から感謝の気持ちが湧き起こってきた。こんな素敵な決勝を見せてくれて、何度も幸せだと思える瞬間を味合わせてくれて、心からありがとうと。

まさに歴史的な決勝戦だった。

全世界の、メッシに勝たせたい、優勝させたいという雰囲気はカタールでも感じた。正直、個人的にもその思いはあった。

ただ、筋書きのないドラマが起こるのも、素晴らしい相手がいるからこそである。

ピッチ上ではアルゼンチンの選手たちが喜びを爆発させている。メッシもメインスタンドに向かって何度も両手を突き上げていた。

試合後の余韻をじっくりと味わっている間に表彰式が始まった。スタジアムは暗転し、ピッチ中央の大会エンブレムの形をした表彰台が鮮やかなライトとプロジェクションマッピングに包まれた。

1カ月にわたる夢のような時間が終わろうとしている。

得点王に輝いたエムバペには心からの拍手を送った。今大会で何度、彼のプレーに度肝を抜かれ、感動したことか。まだ23歳でワールドカップ通算12ゴール、優勝と準優勝を経験。これからはまさに彼の時代になっていくだろう。

そして、最優秀選手にメッシの名前が呼ばれた瞬間、スタジアムは大歓声に包まれた。表彰台にはのちに渡されるワールドカップトロフィーが置かれている。目を凝らして表彰台を見ていると、メッシの目線がトロフィーに向けられているのがわかった。

メッシは愛おしそうな表情でトロフィーに向かっていき、右手を添えてキスをした。さらにトロフィーを撫でて、もう一度キスをした。

もう涙が止まらなかった。感動のシーンをじかに見ることができたのだ。

このとき、ふと、とあるアルゼンチン記者が語っていた印象的な言葉を思い出した。それは準々決勝のオランダ戦で、メッシがアルバレスのゴールをアシストしたシーンについてだった。私は、「スーパープレーだ！　さすがメッシ」と鳥肌を立てながら興奮した。ほかの記者やサポーターと話をしても、みんな、「素晴らしいパスだった」「こんなパスなかなか出せない」という称賛の声が上がっていた。

しかし、このアルゼンチン記者の受け取り方は違った。長年、メッシを間近で見てきた記者はこう言ったのだ。

「昔のメッシだったらシュートを打って決めていた。彼は打てない、打っても入らないと思ったからパスをしたのだと思う」

全盛期のメッシと比べたら、やはり衰えはある。いかに全盛期の彼がすさまじかったかを感じるとともに、その着眼点は自分にはなかったと、まさに目から鱗が落ちた。

さらに、ほかのアルゼンチン記者はこう話していた。

「これまでの大会と違って、メッシが試合中に笑顔を見せることが多い」

勝ちたい気持ちは、いつどのときももっていただろう。

だが、今回の勝ちたい気持ちは相当なものがあるのと同時に、余裕もあったように思う。それは悪い意味ではない。これまではどちらかというと「勝たなければいけない」という義務によって余裕がなかったのが、今回をラストチャンスと位置付けたことで、いい意味で吹っ切れたように感じた。

さらに、メッシを子どものころからヒーローとして見ていた選手たちが、ヒーローを神にするために全力でサポートをしていた。

そのサポートをメッシは信頼していたし、彼らの能力も信頼していた。チームとしての絆をメッシ自身が感じていたことも、笑顔が多かった理由のひとつなのではないかと思った。

真実は定かではないが、明らかに今大会のメッシは、これまでのワールドカップのなかでもベストパフォーマンスを見せ、のびのびとプレーを楽しんでいた。

そして、ついにメッシの手にワールドカップトロフィーが渡された。

渡される直前、子どものようにソワソワするメッシを見ることができた。大切に抱きかかえると、何度もトロフィーを撫でながら、仲間のもとに歩いていき、中央に立って高々とトロフィーを掲げた。

その瞬間、花火がルサイルスタジアムの上空に打ち上げられ、本当の意味で大会が幕を閉じた。

閉会式後、プレスカンファレンスルームで、フランスのデシャン監督、アルゼンチンのリオネル・スカローニ監督の記者会見を取材し、ラストはいよいよ大会ＭＶＰのメッシが登場とワクワクして待っていた。

だが、かなり待った挙句、外から選手たちの歌い声が聞こえてきたと思ったら、メッシはなんと、そのままミックスゾーンを通り過ぎて、バスに乗り込んだという。

それを聞いたときの落ち込みが、半端ではなかったのは、ここだけの話だ。

最高の宴が終わり、スタジアムをあとにするとき、センチメンタルな気分と満足感が入り混じっていた。

史上最高の決勝戦を見せてもらった。でも、これで夢のような1カ月が終わってしまった。

取材はかなりきつかったり、大変なことも多かったりしたが、終わってしまえばすべてがいい思い出であった。

翌日は、仲間とドーハの街に出た。歩行者のために封鎖されていた道路は開放され、コーニッシュにある巨大なファンゾーンは撤去作業が始まり、これまで当たり前のように広がっていたワールドカップの雰囲気は一気になくなりつつあった。

カタールはこれからまた日常に戻る。今後も取材で来るかと思うが、大切な思い出の地として、これからも記憶に刻まれていくだろう。

悲劇の地から歓喜の地へ——。

12月20日、余韻を残して私はカタールの地をあとにした。

# おわりに

２０２２年11月20日の早朝にカタール入りをして、12月20日の深夜便でカタールを発つまでの１カ月間、非常に多くの学びと貴重な経験があった。

まずは、試合会場となった８つのスタジアムを完全制覇できたこと。

決勝が行われたルサイルスタジアムの金色の外観を最初に見たときは圧倒された。スタジアム近くにある巨大歩行者天国も浮世離れしているというか、窓枠が金色のライトのビルや、巨大ビジョンに囲まれた巨大な目抜き通りでは、サポーターたちが思い思いの時間を過ごしていた。

絶えず大音響のワールドカップにまつわる音楽が鳴り響き、数１００メートル歩いた先には４つの巨大なタワーがそびえ立つ。

この４つのタワーの間を過ぎると、巨大な鯨が吊るされ、その先には海に面した大きな広場があって、そこまで活気に満ちていた。夜になるとサーチライトも絶えず照らされ、本当に異世界だった。

ドーハ中心部から、いちばん遠い砂漠地帯にあったアル・バイト・スタジアムはもっとも行くのが大変なスタジアムだったが、メディアゲートから見える、巨大サーカスのような真っ白な長方形の巨大テントが張られたスタジアムは壮観だった。

きれいな芝生のピッチを歩いて、巨大なテントの中に吸い込まれるようにある選手バスのロードを渡ってスタジアムに行くと、そこにはアラビア風な雰囲気が詰め込まれた空間があった。バイトはアラビア語で「家」。カタールの伝統的なテントをそのままスタジアムにしただけあり、内装もきれいな絨毯のようで何度も上を見上げて見惚れてしまった。

そして、日本でも話題になったスタジアム９７４。９７４個のコンテナでつくられており、アドベンチャーゲームや、私が小さいときに大好きだった「トランスフォーマー」のなかに出てくるような外観が何かワクワクさせてくれるスタジアムだった。ラウンド16の試合を最後に解体されるということもあって、一夜城のような儚《はかな》さも興味を引くポイントだった。個人的にはいちばん記者席からピッチが近いスタジアムで、見やすいスタジアムだった。

試合の取材数は27を数えた。カタールという秋田県と同じくらいの面積の小さな国で、バスやメトロですべて2時間以内で行けるような範囲に8つのスタジアムがあるからこそ、大会前からより多くの試合を取材したいと思っていた。

個人的には30試合を目指していたが、日本の活躍により、ありがたいことに原稿依頼が増えたことで、泣く泣く3試合をキャンセルし、唯一、申請の通らなかった3位決定戦以外は見たい試合をほぼ取材することができた。

おそらく1大会でここまで多くの試合を取材できるワールドカップは過去にはないし、これからもないかもしれない。

サッカーは全世界共通のスポーツであり、ここまで人たちを熱狂させ、議論させる素晴らしいものだと感じることができた。

それを44歳になって味わえたことは、10代のときにサッカージャーナリストという職業を夢見て、実現してここまで継続してきて本当に良かったと心から思えた。

帰国してからこの本を書いているいまも正直、ワールドカップロスがある。もはやライフワークになっている全国高校サッカー選手権大会の取材もあって、帰国してからまったく休みがない状態だが、ワールドカップと高校選手権を最後まで取材できて、幸せを感じている。

ただ、サッカージャーナリストとして今大会を冷静に振り返ると、技術だけではなく、7試合を戦い抜くタフな精神力と体力、選手層はあらためて必要だと感じた。

そもそもフランスは、大会前にエースストライカーでバロンドーラーのカリム・ベンゼマ、前回大会で中軸を担ったポール・ポグバとエンゴロ・カンテが負傷で欠場し、期待の新星ストライカーのクリストファー・エンクンクまでも負傷欠場を強いられた。さらに、大会中に左サイドバックのリュカ・エルナンデスまでも負傷離脱。

まさに満身創痍《まんしんそうい》の状態だった。それでもチュアメニ、ジルーなどが穴を感じさせない活躍を見せて準優勝という結果を残した。

日本も直前で中山雄太が負傷離脱し、大会中も冨安、遠藤、久保などにアクシデントもあったが、それでも世界のトップを相手に真っ向から戦って、国内だけではなく、世界に向けて人々の記憶に残るような結果を残した。

だが、「これでよかったね」で終わってはいけない。次のワールドカップ、そしてこの先と日本がさらなる高みに行くために、何が必要かを考え続けたい。

突きつけられた世界との差を埋めるために、選手だけではなく、サッカージャーナリストしても日本サッカーの発展に向けて力になれるようになりたいとあらためて思った。

本当にカタールに行ってよかった。そう思えたのは、私がワールドカップ取材を目指すかどうか迷っていたときに背中を押してくれたジャーナリスト仲間と、カタールで共同生活をして、楽しい思い出を共有してくれたジャーナリスト仲間のおかげだ。

彼らがいなかったら、私はこのかけがえのない経験ができなかったかもしれない。ライバルでもあり、仲間でもある彼らに心から感謝を申し上げます。

そして、この本の制作を提案してくださり、熱い気持ちでサポートし続けてくれた徳間書店の苅部達矢さん、編集を手伝ってくれた川原宏樹さん。

カタールで熱い戦いを見せてくれた森保一監督をはじめ、日本代表のスタッフ、選手のみなさん、そして、日本から私と日本代表を応援してくれた家族に、心から感謝を申し上げます。

安藤隆人（あんどう・たかひと）
1978年2月9日生まれ、岐阜県出身。大学進学とともに取材活動をスタート。大学卒業後はいったん銀行に勤めるが、フリーランスに転身。育成年代を中心に、数多くの日本代表選手を10代のころから取材している。主な著書に『走り続ける才能たち 彼らと僕のサッカー人生』『壁を越えろ 走り続ける才能たち』（ともに実業之日本社）、構成作品にアルビレックス新潟の早川史哉選手の『そして歩き出す サッカーと白血病と僕の日常』、ガンバ大阪の鈴木武蔵選手の『ムサシと武蔵』（ともに徳間書店）がある。

装　丁　井上新八
校　正　月岡廣吉郎　安部千鶴子（美笑企画）
写　真　AP／アフロ
組　版　キャップス
編集協力　川原宏樹
編　集　苅部達矢

ドーハの歓喜 2022世界への挑戦、その先の景色

第1刷　2023年2月28日

著　者　安藤隆人
発行者　小宮英行
発行所　株式会社徳間書店
〒141-8202　東京都品川区上大崎3-1-1
目黒セントラルスクエア
電　話　編集（03）5403-4344／販売（049）293-5521
振　替　00140-0-44392
印刷・製本　大日本印刷株式会社


ISBN978-4-19-865617-1